MON COMPTE

AVEC

Mr Lara MINOT,

Receveur Particulier des Finances de l'arrondissement de MELLE.

L'un et l'autre nous avons comparu, moi comme *accusé* et lui comme *témoin*, devant la cour d'Assises des Deux-Sèvres, à ses audiences des 17, 18, 19, 20, 21 et 22 mars 1841.

Quoique le Jury ait prononcé à **ONZE** voix son verdict de non-culpabilité sur tous les chefs, il ne m'en faut pas moins rappeler aujourd'hui cette décision avec ses principales circonstances con-commitantes; tout me le commande impérieusement : l'attitude de mauvaise foi gardée par M. **LARA MINOT** et ses quelques adhérens, surtout depuis mon solennel acquittement; les indiscrétions fron-deuses échappées à ces calomniateurs; les deux imperceptibles annotations du Journal de la Préfecture (*le Mémorial de l'Ouest*) dans ses N^{os} des 21 et 25 mars, relativement aux débats et à leur issue; la manière non moins insolite avec laquelle la *Revue de l'Ouest*, qui aussi s'imprime à Niort, m'a consacré treize lignes de son N° 26 du 31 du même mois; le refus d'insertion du compte-rendu dans un des Journaux Judiciaires quotidiens de Paris, essuyé par son estimable correspondant à Poitiers; la morale et la fortune publiques lésées; par-dessus tout, la vérité, mon honneur et celui de ma nombreuse famille !

Je suis né, en 1799, à Melle, où M. LARA MINOT est né lui-même en 1798. Comme il l'a dit devant la cour, nous avons passé ensemble à l'école les premiers temps de notre enfance; là, malgré la différence de nos caractères et de nos situations, nous conçûmes l'un pour l'autre des sentiments sympathiques qui, de ma part, purs et inva-riables, n'ont cessé d'être profitables à M. Lara Minot, mais qui, de la sienne, souillés par l'hypocrisie et la plus sordide cupidité, ont fini par m'exposer à une perte complète.

C'est principalement depuis les 21 années d'exercice de M. Lara Minot en la qualité de Receveur Particulier des finances, qu'il avait conquise en quelque façon avant la fin de sa minorité, que nos rapports furent le plus étroits.

Après avoir eu successivement l'avantage d'être employé plus de trois ans dans les bureaux de M. DELAUBIER, conservateur en retraite des hypothèques de l'arrondissement de Melle, et dans ceux de son gendre, M. BRET, alors Sous-Préfet de cet arrondissement, actuellement Préfet de Colmar, — de faire pendant dix-huit mois l'intérim de la Recette principale des Contributions Indirectes du même arrondissement, et, pendant six, celui de la direction des postes de Melle, j'ai dû à l'amitié étudiée de M. Lara Minot diverses commissions d'agent spécial ou intérimaire de perceptions. Souvent, à son appel, je suis allé travailler chez lui, lorsque son Caissier, M. PAILLET, ci-après nommé, ne pouvait suffire à la peine. J'ai dû également à son entremise la place de Receveur d'Octroi à Melle, que j'ai occupée durant plusieurs années, jusqu'en octobre 1827, époque à laquelle il me fit nommer *percepteur à Tilloux*, canton de Chef-Boutonne.

Un certain jour de versement, en mai 1830, j'appris de M. Lara Minot que l'administration des finances lui retirait la Recette de Melle pour l'envoyer à celle de Rocroy. En me donnant la nouvelle de sa disgrâce, qui, l'avouerai-je, m'attrista, il réclama instamment mon attache pour signer et faire signer par mes collègues, tant du canton de Chef-Boutonne que des six autres, une supplique tendant à sa réintégration dans la recette de Melle. Je lui promis à cet égard tout mon dévouement, et à peine installé à Rocroy, M. Lara Minot m'achemina, sous le couvert de sa femme, la formule de cette pétition, que je recopiai et signai ; ensuite je courus la présenter tour à tour à chaque percepteur de l'arrondissement, hormis le titulaire de la perception de Melle, M. **TOURNIÉ**, et celui de la réunion de Perigné, M. **GARNIER**, qui refusèrent net ; les 15 autres, et le plus grand nombre non pas sans force *car* et *si*, justifiés bientôt par des révocations ou des rigueurs excessives (A), se décidèrent à apposer leurs seings.

(A) Par suite desquelles ont été forcés de déguerpir MM. TOURNIÉ, prénommé; FOUQUET, à La Mothe, frère du titulaire de cette perception ; DE CONDÉ, à Chizé; CHATAIGNON, à Tilloux ; BRISSE-VIOLLET, à Chef-Boutonne, maintenant employé à Paris ; SAINT-AUBIN, à cette dernière résidence, où il est présentement Notaire; MARTIN-NIVOSE, à Chail, actuellement Lieutenant de Douanes; MESNARD, à la même résidence, aujourd'hui commerçant et Conseiller municipal à Melle. Etc., etc., etc.

La Révolution de Juillet, qui, croyait-on généralement, aurait dû être fatale à M. Lara Minot, l'ayant ramené presque instantanément, bien plus tôt sans doute que la supplique susdite, à la Recette particulière de Melle, nous nous y embrassâmes avec effusion. Il me prodigua mille remerciemens et éloges.

« Vous avez, me dit-il, des droits à l'avancement. Je vous porterai « pour la perception de Melle, où ne saurait rester M. Tournié, et à « laquelle ne doit plus songer votre oncle, M. Bernardin, trop dé- « primé par l'âge; munissez-vous de certificats des Maires de votre « Réunion, pour que je les joigne à mon travail de présentation..... »

Toutes les espérances qu'il me fit concevoir s'évanouirent promptement, à mon grand contentement du reste, puisque ce fut mon oncle qui fut renommé à Melle.

Je continuais de remplir la perception de Tilloux, à la satisfaction des contribuables, des autorités locales et de l'administration supérieure, quand M. Lara Minot m'exprima *ex abrupto* la pensée de m'utiliser de nouveau à Melle, où ma mère, et non pas moi, ainsi qu'on me l'a à tort imputé, exploitait concurremment avec ma femme un commerce d'épicerie.

Pour m'affranchir de toute hésitation et pour me dédommager de la *démission* qu'il me *dicta*, dans le but secret, que je n'ai su que plus tard, de me faire remplacer par son ami intime, M. DUBRAY, plus bas désigné, n'occupant alors qu'un poste secondaire à la Recette Générale, M. Lara Minot me mit sous les yeux, d'un côté, le bénéfice que je retirerais à vivre sous le même toit que ma famille, ainsi que l'indemnité qu'il voulait que j'exigeasse de mon futur remplaçant; et, d'un autre côté, la brillante perspective assez prochaine, suivant lui, de succéder à M. BERNARDIN, susnommé, dans la perception la plus rétribuée de l'arrondissement, *celle* de *Melle,* dont je serais, en attendant, le gérant officieux aux appointemens de 1000 fr. par an, stipulés dans *le traité ad hoc* qu'il infligea à ce dernier et qu'il me *dicta* pareillement. Mon oncle, ne souhaitant rien tant que de m'avoir pour continuateur, acquiesça; car autrement la place n'aurait plus été tenable pour lui. Sous les Fourches Caudines et sous la menace incessante d'une destitution, il était journellement abreuvé de dégoûts par M. Lara Minot, qui, lui, infidèle au bienfait inespéré qu'il avait reçu de la Révolution de Juillet, ne pardonnait pas à M. Bernardin d'avoir obtenu son rétablissement sans l'intervention personnelle de lui, Lara Minot.

Le bruit de ma démission s'étant répandu, l'un des aspirans, M. Roullet, proposé en seconde ligne par M. Lara Minot, me dépêcha son frère, régisseur de la terre de M. le comte d'Aubusson, Pair de France, pour me pressentir sur la quotité de l'indemnité dont avait parlé le Receveur particulier : — Vous la fixerez vous-même, lui répondis-je, si votre frère est colloqué à Tilloux.

Il y a plus, au sujet du 3me candidat qui, selon M. Lara Minot, avait chance de succès parce qu'il était chaudement appuyé par M. TAILLEFERT, Sous-Préfet, le Receveur particulier me fit appeler dans son bureau pour me dire :

« Vous devriez vous entendre avec ce candidat tout ainsi qu'avec
« M. ROULLET, en convenant que, s'il était nommé, il vous compte-
« rait l'indemnité réglée, et que, s'il ne l'était pas, vous lui donne-
« riez la moitié de celle que vous recevriez de M. Roullet. De la sorte,
« vous seriez certain d'avoir quelque chose... »

Je répondis nûment que je ne me prêterais pas à un pareil micmac.

Nonobstant les efforts extraordinaires de M. Lara Minot en faveur de M. Dubray, dont le nom me fut tu jusqu'à la fin, et pour cause, M. Roullet eut le dessus. — Peu après, son frère m'apporta 2000 fr. à titre d'épingles.

En quittant la Réunion de Tilloux, où j'ai eu le bonheur de laisser d'unanimes regrets, d'après la déposition orale de M. le Maire BOURDON, je remis à mon successeur, le 17 mai 1832, tous les rôles, registres et autres papiers de comptabilité, ainsi que les valeurs de caisse et de portefeuille concernant les divers services dont je cessais d'être chargé, et dont M. le *Receveur particulier venait d'établir la situation*. Le procès-verbal qui fut dressé contradictoirement et qui me *dégageait sans restriction ni réserve aucune*, constatait, pour les restes à recouvrer pris en charge par le Percepteur entrant, un chiffre dans lequel étaient compris *trois mille fr. environ de quittances* à des contribuables n'ayant pas payé, qu'à l'instigation de M. Lara Minot, dépité de l'échec de M. Dubray, j'avais détachées du Journal à souche, afin d'augmenter d'autant mes remises proportionnelles. Le lendemain, M. Roullet, craignant apparemment d'éprouver trop d'embarras ou de non-valeurs dans la rentrée des sommes représentées par ces quittances, vint me prier de l'en exonérer. J'y consentis par pure obligeance, et je lui souscrivis un engagement à courte échéance pour la différence existant entre le montant desdites quittances et les recouvremens réels. Ce fut de ma part une grosse sottise : car à cette heure il me reste encore dû plus de 1500 fr. par les mêmes contribuables, qui ne me les rembourseront probablement jamais, ainsi qu'il faut l'inférer de la déclaration devant la Cour, de M. FOURNIER, gendre du précédent Maire de Tilloux.

Eh bien ! qui l'imaginerait ? c'est pourtant une telle bévue, produite par un mode d'opérer aussi irrégulier, aussi reprochable que l'on voudra, mais qui était l'œuvre après tout de M. le Receveur particulier lui-même, et de laquelle sans doute M. Lara Minot, s'il eût été à Melle ce jour-là, n'aurait pas manqué de me préserver; c'est cette bévue, si favorable à M. Roullet et si préjudiciable à mes seuls intérêts, alors qu'elle n'affectait en aucune façon ceux du trésor complètement saufs, qui figure en tête de l'acte d'accusation avec la qualification et imputation contre moi de *détournement frauduleux* soit de *deniers publics*, soit de *quittances à souche!!*

Au demeurant, si je n'eusse pas été parfaitement en règle, les divers fonctionnaires compétens en ce qui regarde la matière des cautionnemens, ne m'auraient pas délivré aussi promptement que possible tous les *quitus*, certificats et pièces que j'avais à fournir pour obtenir le remboursement du mien. Dès que le montant, en principal et intérêts, en fut réalisé, je l'employai à l'acquittement de mon engagement personnel susdit envers M. Roullet, par le ministère précisément de son frère, qui me *prêta*, dans le même moment, une *première somme* de *huit mille fr.*

Le jour même de la cessation de mes fonctions à Tilloux, je me suis mis à régir la perception de M. Bernardin. D'abord, et assez longtemps, M. Lara Minot, témoin oculaire de mon activité et de mon exemplaire exactitude, laissa mon oncle en paix, et la meilleure harmonie semblait rétablie d'une manière durable entre eux, lorsqu'un matin, à son bureau, où il m'avait mandé, M. le Receveur Particulier, au milieu d'un accès soudain de la frénétique colère à laquelle il est sujet si souvent, me déclara que décidément M. Bernardin allait être contraint à se retirer. Toutes les représentations que je fis à M. Lara Minot, pour changer ou ajourner sa résolution, furent vaines :

« C'est à bon escient que je l'ai prise, s'écria-t-il, elle tiendra ; d'ail-
« leurs, le successeur qu'aura votre oncle devra lui payer, à titre de
« dédommagement, une somme de 2500 f., à raison de 125 fr. par tri-
« mestre, pendant cinq ans; et ce successeur, ce sera vous, Edouard,
« ou bien PAILLET, mon commis-caissier actuel. Mais comme Paillet
« est extrêmement jeune (22 ans), qu'il appartient à une famille ai-
« sée, et que vous avez à vous prévaloir de beaucoup plus de services
« que lui, je pense que nous vous obtiendrons la préférence sans dif-
« ficulté.

« A tout événement, quel que soit celui de vous deux auquel sera
« confiée la perception de Melle, il en partagera le produit net total
« avec l'autre, qui, lui, sera le commis de mon bureau, et qui, par
« contre, partagera semblablement la moitié de son traitement avec
« le titulaire d'icelle perception.

« J'entends, comme de juste, que la rétribution de mon commis-
« caissier, jusqu'ici de 600 f., mais que j'élève au taux de 800, ne su-
« bisse à l'avenir aucun changement; en d'autres termes, qu'elle ne

« dépasse pas ce taux, tandis que je saisirai toutes les occasions pour
« accroître les émolumens de la perception, qui sont à présent d'en-
« viron 2900 fr....

  « Quant à tout quoi je vous dicterai des projets de traités. »

Ces traités, ou pactes de société en participation d'un genre tout
nouveau, dont une copie littérale est ci-annexée en appendice, et
qui ont été tout entiers libellés par M. Lara Minot, renferment des
clauses léonines surtout contre moi, qui, au lieu d'être pourvu de
la perception de Melle, si facile à régir, me suis trouvé dans l'obligation beaucoup plus grevante de tenir, *loco* Paillet, investi de cet
emploi, la Caisse et les écritures multipliées de la Recette particulière ; car les quelques écus qui m'étaient assignés au-delà des mille
francs que me valait la gestion paisible de la perception de mon
oncle, étaient loin de compenser le surcroît de soucis et de travaux
qui m'incombait par l'effet desdits traités, propices outre mesure
à l'intérêt de M. Lara Minot.

La plupart de leurs stipulations me parurent d'autant plus dures
et exorbitantes, qu'en bonne et loyale justice la perception de Melle
devait, sous nombre de rapports, être mon lot sans partage. Mais
la gestion en question pouvant m'échapper d'un jour à l'autre, ne
fût-ce que par la nomination à la place de M. Bernardin d'un compé-
titeur étranger, et M. Lara Minot étant en définitive l'arbitre
suprême, il fallait souscrire sans mot dire aux prescriptions de sa
hautaine domination et de son effrénée avidité, ou bien rompre
absolument avec lui. A dessein de conserver au moins entières et
non précairement les ressources que me procurait mon travail pour
m'aider à subvenir aux dépenses de mon ménage, et, le répéterai-je,
maîtrisé irrésistiblement par la reconnaissance, dont le culte devait
plus tard me devenir si amer et si calamiteux, je ne balançai point
à me ranger à la volonté de M. Lara Minot. Et puis, par l'attache-
ment que j'avais pour Paillet, qui regardait comme exécrable que
M. Lara Minot eût retranché de ses appointemens, pour me l'appliquer, une somme de 200 fr., double de celle afférente aux deux
mois qu'il avait passés dans un régiment à Nantes en 1834, et
pendant lesquels je l'avais suppléé, je fus enchanté d'être à même
de contribuer à améliorer la situation de ce jeune homme en faisant
monter son salaire de 600 fr. à plus de 1600.

Ce fut en juillet 1835 que les scandaleuses combinaisons de M. Lara
Minot reçurent un commencement d'exécution par l'installation de
M. Paillet en qualité de Percepteur de Melle, et par mon entrée
dans les bureaux de la Recette particulière, en qualité de Commis-
Caissier.

Jusqu'au 4 août 1840, jour où M. Lara Minot eut l'indignité de
me charger de ses prévarications en m'en dénonçant comme le cou-

pable à la justice criminelle, je n'ai cessé, un seul moment, pendant cette période de plus de cinq années, d'avoir ou d'entretenir avec lui les relations les plus intimes.

Avec un homme de la trempe de M. Lara Minot, toujours en mouvement, fouillant partout, ressassant cent fois les mêmes objets, minutieux à l'excès, se mêlant le plus souvent aux individus et aux choses qui semblent le concerner le moins, irritable, despote, soupçonneux, dissimulé, brouillon, bravant les obstacles et les dangers après les avoir suscités, payant par fois néanmoins le chapeau à la main, selon les temps, les lieux, les personnes et les conjonctures, un honteux tribut à la pusillanimité, à l'obséquiosité voisine de la bassesse, se plaisant à sacrifier tout et tous à ses misérables passions, singulièrement à son incurable avarice, tant la soif de l'or le consume et l'absorbe! avec un tel homme, dont aujourd'hui il est superflu que j'esquisse tant d'autres traits non moins saillans (A), qui ne conçoit qu'il m'ait imposé des occupations exceptionnelles, des tâches ou allées et venues excentriques, et qu'il m'ait ainsi obligé à lui prodiguer fréquemment plutôt seize heures que huit heures par jour?

Par malheur encore, M. le Receveur particulier de Melle n'ayant jamais bien eu la clef du dictionnaire financier, ni la pratique régulière de la comptabilité; la conformité constante de la situation de sa caisse avec celle des écritures étant impossible, à raison de ce que cette caisse, *unique* dans l'acception la plus étendue du terme, était tout à la fois *la caisse du fisc*, *la caisse de la Banque de M. LARA MINOT*, et la *caisse* de son *intérieur* ou de *sa maison*, et de ce qu'on n'enregistrait sur les livres que les opérations de celle du fisc, tandis que les mouvemens fort considérables des deux autres n'étaient que notés, le plus souvent irrégulièrement, sur un brouillard ou main-courante cachée d'ordinaire dans le secrétaire de

---

(A) Qui n'ont point échappé, notamment : — 1° à un honorable membre du Comice agricole de Civray et Charroux, à l'occasion d'une polémique sur l'agriculture où M. Lara Minot se montra, en 1838, aussi inhabile que partial et malappris, en défendant à l'imprimeur de la Feuille d'Avis divers de la ville de Melle d'insérer aucune réplique de son adversaire, lequel, à la vérité, avait mille fois raison; — 2° Et à M. Alexandre Motheau, suppléant du Juge-de-Paix de Chef-Boutonne, adjoint au Maire, membre du Conseil de l'Arrondissement, au sujet d'une enquête administrative ayant pour objet le DÉFICIT (car il y a toujours des déficits avec M. Lara Minot) du précédent percepteur de ladite commune de Chef-Boutonne, à la charge de laquelle le Receveur particulier voulait absolument mettre ce déficit : fort heureusement, les vigoureuses représentations de M. Motheau, qui écrasa alors de toutes les manières M. Lara Minot, ont fait échouer cette révoltante prétention, et M. de La Richardière, bailleur de fonds de cet ex-percepteur, n'est plus exposé à tout perdre!

M. Lara Minot;—d'un autre côté, ce dernier cherchant sans cesse à tirer ressource de tout pour alimenter ses trois caisses, confondues en une seule, et ne pouvant y parvenir ═qu'en pressant démesurément la rentrée des impôts, à grand renfort de poursuites, ═qu'en exigeant des avances des percepteurs, ═qu'en retenant pendant une dizaine les versemens de ces comptables, et pendant trois mois ceux du receveur de l'hospice de Chizé, par exemple, ═qu'en différant le paiement des mandats ou des traites, ═qu'en effectuant des prélèvemens journaliers sur les fonds publics, pour acquitter tantôt ses prêts, tantôt ses effets ou escomptes comme BANQUIER, tantôt ses acquisitions, tantôt ses dépenses d'exploitation rurale, de bâtisse ou de ménage; — en outre, un DÉFICIT *antérieur à mon entrée* ayant été confessé par le Receveur particulier et mon prédéceseur M. Pailet : qui n'entrevoit tout d'abord les difficultés sans fin et les dégoûts inouïs de ma besogne?

D'aussi détestables erremens, qu'en vain j'ai essayé de corriger, devaient continuer ou renouveler le précédent déficit, amener fréquemment des découverts plus ou moins forts, et ne permettaient pas, assurément, que les écritures fussent exactes et tenues à jour. *De là des versemens non enregistrés; des inscriptions de versemens ou suspendues ou affaiblies ; des interversions de noms et d'exercices ou des reports d'un exercice postérieur sur un exercice antérieur ; des différences entre les sommes des récépissés et celles des récapitulatifs; des versemens annotés à ces récapitulatifs sans numéros de récépissés; des récépissés syncopés, indûment retenus, ou s'accumulant à la Sous-Préfecture; des altérations, grattages et surcharges de chiffres; des rétablissemens de versemens, même, à l'occasion, leur gonflement, pour arriver, lors de chaque envoi à la Recette-Générale, à la concordance et à la balance!*.....

Comme, chaque jour, M. Lara Minot se livrait à de nouvelles opérations en dehors de celles de sa recette, et que son appétit devenait de plus en plus vif, chaque jour aussi les découverts ou manquans allaient en progressant. Lui remontrais-je avec effroi l'immense responsabilité qu'il assumait, il me répondait en souriant que c'était chose qui ne me regardait point, — qu'avec ses cent mille écus de fortune et son crédit il était en mesure, à tout instant, de combler les différences, — et que son ami, M. Dubray, était là pour l'avertir et l'empêcher d'être surpris en flagrant délit.

Quoi d'étonnant, après cela, qu'il soit venu un moment, le 28 juillet 1840, où l'inspecteur du Trésor, M. LEPEINTRE, ait remarqué sérieusement tant de monstrueux désordres, et, ce qui est mieux, n'ait pas reculé devant le devoir d'accomplir sa haute mission, et de sauvegarder, en homme de bien, sa responsabilité morale, en les constatant officiellement et en les révélant à qui de droit?

Non, il n'a pu être vrai, comme l'a prétendu l'accusation, que tant d'aussi coupables méfaits aient échappé intégralement à la surveillance du Receveur-Général, surtout aux investigations et vérifications successives de cinq précédens inspecteurs des finances.

Effectivement :

En premier lieu, en ne consultant que le *procès-verbal* d'examen dressé, le 2 juillet de la même année 1840, par le Receveur-Général des Deux-Sèvres, il est certain qu'à cette époque cet agent avait aperçu un *déficit* notable dans la caisse du Receveur particulier de Melle. Car dans cet acte, qu'il a fallu une *ordonnance* toute spéciale du président des Assises, M. Foucher, Conseiller à la Cour Royale de Poitiers, pour amener sous les yeux de la justice, M. le baron EURYALE DE GIRARDIN mentionnait entre autres :

« Pour l'exercice 1839, les reports sur le carnet paraissent avoir été « négligés depuis le 1er janvier 1840.   (A)

« L'addition du Grand-Livre présentant un total de. 813, 279   05
« Et celle du Livre auxiliaire donnant. 768, 845   24

« Il s'ensuit une *différence en moins* de. 44,433f 81c
« La copie du récapitulatif n'est pas non plus d'accord ni avec le « grand-livre ni avec le livre auxiliaire. D'après le récapitulatif, le to-« tal des recouvremens (Contributions directes) est de. 819, 998   13

(A)
« D'après le Grand-Livre. 813, 879   05

« *Différence en moins* au Grand-Livre 6,119f 08c

« M. Minot a fait rétablir, *en notre présence*, l'harmonie entre le « grand-livre et le livre auxiliaire ; et il a fait rectifier *quelques unes* « des erreurs qui se trouvaient sur la copie du récapitulatif. D'au-« tres ont *subsisté* et *devront être rectifiées* avec les récapitulatifs des « percepteurs. »

Indépendamment de ce procès-verbal qui, bien qu'en date à Melle du 2 juillet, n'a été couché sur le papier et clôturé *qu'à Niort* après plus de *douze jours* d'intervalle, son rédacteur, le fondé de pouvoirs tant du Receveur-Général actuel que du précédent, avait maintes fois, depuis plusieurs années, entrevu la marche répréhensible suivie par M. Lara Minot, et avait fortement engagé celui-ci, tout en la palliant, à se décider à mettre fin à ce que M. Dubray qualifiait complaisamment de *galimatias*. Seulement il est plus que douteux que la Recette-Générale ait expédié à temps, si tant est qu'elle l'ait fait, au Ministère des Finances, le procès-verbal entier dont il s'agit, et que son gérant accrédité, M. Dubray,

---

(A) Explique qui pourra comment le Receveur-Général, qui, quelques lignes plus haut, n'a trouvé que. 813,279 05
       trouve ici 813,879 05

Inégalité.   600

ait jamais signalé dans sa correspondance avec l'administration supérieure le *galimatias* dont il a entretenu M. Barré (A), Percepteur à Niort et colonel de la garde nationale, lequel s'en était entretenu à son tour avec M. le colonel Des-Essarts (A) ; car, si M. Lara Minot, ainsi qu'il l'a audacieusement tenté, n'a pu obtenir de la surprenante bienveillance de M. Euryale de Girardin la suppression dans son rapport de la constatation qui précède, il serait du moins parvenu à déterminer son chef à ne transmettre qu'*in extremis* à Paris *un extrait* insignifiant de cette pièce, lequel, d'après une réponse que j'ai eu l'honneur de recevoir de M. le Directeur-Général baron Rodier, ne faisait *nulle allusion* aux déficits ou différences en moins plus haut visés.

En second lieu, il est impossible aussi que nul des cinq inspecteurs délégués antérieurement à M. Lepeintre pour vérifier M. Lara Minot, n'ait discerné quoique ce fût des 230 opérations irrégulières et plus dont a parlé M. **REBOUL**, autre inspecteur venu après M. Lepeintre, et dont il a reporté la première *seulement au 20 janvier* 1836. Différemment, il y aurait lieu, ce qui est inadmissible, à taxer ces préposés ministériels d'impéritie ou de manque de courage, pour n'employer que les expressions les plus douces. Non, mille fois, il n'a pu en être ainsi. Que quelqu'un de ces messieurs, désarmé par le repentir artificieux de M. Lara Minot jurant à genoux de s'amender et offrant d'imposantes garanties matérielles, ait adouci les conclusions de son rapport, à la bonne heure! mais, encore un coup, l'un pas plus que les autres n'auront trahi la vérité. — Ils auront agi comme leur collègue, M. Laveuve, qui avait si bien démêlé et stygmatisé le Receveur particulier de Melle, que celui-ci, atterré par une lettre foudroyante, longuement motivée, qu'il reçut du même M. baron Rodier, relativement au procès-verbal de cet inspecteur, appréhenda assez longtemps une révocation, mesure dont au surplus il avait antécédemment failli être atteint. La vérité, oh! certes, pour leur honneur, pour la tranquillité de leur conscience, ils l'auront dite ! Pourquoi faut-il que dans la région où pourtant se rencontrent tant de Directeurs probes et capables, pénètre apparemment on ne sait quel sylphe omnipotent qui paralyse l'action de la sainte justice? Sans doute les conséquences logiques de leurs rapports y auront été écartées tout ainsi que l'ont été jusqu'aujourd'hui, notamment, celles du *procès-verbal* de M. Lepeintre, et voire les conclusions si énergiques de M. de Quatre-Barbes, inspecteur-général, au bas de ce précieux document, dont une copie ne m'a été remise également qu'en vertu d'une *ordonnance* spéciale du Président des Assises.

(A) L'un et l'autre en ont déposé comme témoins devant la Cour d'Assises.

Après avoir établi dans ce procès-verbal, clos le 6 août 1840,

— CHAPITRE DES CONTRIBUTIONS DIRECTES —

1º Que l'exercice 1838 est *soldé*, alors que son apurement était légalement susceptible, dans l'intérêt des contribuables, d'être prolongé jusqu'à la fin de 1840;

2º Que l'exercice 1839 offre *peu de restes à recouvrer;*

3º Que les recouvremens sur 1840 sont de 5/12 et 3/4;

Que les percepteurs de l'arrondissement de Melle ayant versé 6/12mes à une fraction près, ils se trouvent avoir fait, d'une façon aussi peu *profitable* qu'*agréable*, des *avances* personnelles pour un quantum de 14,119 62; qu'il en est même parmi eux qui ont été jusqu'à recouvrer *au-delà des douzièmes échus*, ce qui, soit dit en passant, dépose en faveur de l'ardeur de ces agens et de leur dévotion inqualifiable aux intérêts individuels de M. Lara Minot, mais ce qui tourne pleinement au détriment des malheureux cotisés;

4º Que la découverte du déficit notable dans la caisse de M. Lara Minot, en ce qui regarde l'exercice 1839, a conduit à celle d'un autre *déficit* sur les *placemens* des communes et établissemens publics, *coté* ainsi qu'il suit, avec la remarque que la vérification effectuée au moyen des livres des percepteurs amènera encore la connaissance d'un *nouveau déficit* du même genre que le premier :

« Les fonds placés au trésor par les Églises Consistoriales de Melle,
» Lezay et La Mothe Sainte-Heraye, et d'après les bordereaux des
» percepteurs, au 30 juin 1840, étant de. . . . . 63,429 f. 33 c.
« Et le solde figurant aux écritures n'étant que de. 57,260 f. 88 c.

Le manquant est de . . . **6,168 ^f 45^c.**

5º Que des *irrégularités aussi graves* indiquent la mesure *exacte* de la surveillance exercée sur les percepteurs par M. Lara Minot:

M. l'Inspecteur Lepeintre terminait en ces termes :

« M. Lara Minot a donc *complétement oublié* ses *devoirs* en ce qui
» concerne la surveillance du service des percepteurs. »

Le Receveur particulier de Melle crut devoir protester contre ce qu'il appelle la sévérité de M. Lepeintre, en osant se prévaloir de la poursuite criminelle traîtreusement provoquée par lui contre moi, et puis en disant :

« La croyance d'un fait impossible explique, sans la justifier, l'in-
« attention dont sont l'objet les élémens qui pourraient détruire
« cette croyance.

« Je suis coupable, en ne soupçonnant pas la mauvaise foi de mon
« caissier, d'avoir négligé un rapprochement utile; mais qu'on ne
« m'accuse pas de l'oubli entier de mes devoirs. »

Voici la réponse que valut à M. Lara-Minot cet *inintelligible gâchis* ou *galimatias* d'une autre espèce, et qui l'étreint dans le plus inexorable dilemme :

« Nous ne concevons pas parfaitement, réplique M. l'Inspecteur
« Lépéintre, le lendemain 7 août, ce que signifie la phrase de M. Mi-
« not; nous ferons seulement le raisonnement suivant :

« S'il n'existait pas de déficit, le Receveur, qui, dans ce cas, aurait
« dû nous fournir *promptement* des *explications satisfaisantes* sur la
« *non-concordance* des écritures, *au lieu d'inculper gravement son*
« *caissier*, aurait manqué à ses devoirs dans le sens général qu'il
« donne à notre expression.

« S'il y a un déficit, en ne le découvrant pas plus tôt, quand des opé-
« rations *prescrites* à lui-même *devaient le lui faire apercevoir*, il a
« encore manqué à ses devoirs en ce qui concerne la surveillance du
« service des percepteurs. »

De son côté, sous la date du 17 du même mois, M. le Receveur-
Général, représenté, quoique sur les lieux, par son mandataire
M. Dubray, fasciné ou aveuglé plus que d'ordinaire, et comme si
ce n'était pas lui qui fût l'auteur du passage plus haut transcrit de
son procès-verbal du 2 juillet, essaya de mitiger le rapport de M. Lepeintre par ce tout affectueux avis :

« Que ce qui était reproché à M. Lara Minot *devait* être considéré
« *comme un oubli plutôt que comme* négligence de ses devoirs; car il
« (le Receveur général) *devait* dire, pour rendre hommage à la vérité,
« qu'il avait reconnu, lors de *ses* vérifications, que M. Minot *s'occu-*
« *pait de la direction de son service* et qu'on en trouvait la preuve
« dans sa *correspondance*. »

Mais, trois jours après, le 20 août, M. l'inspecteur-général de
Quatre-Barbes, vraisemblablement édifié d'assez longue main sur les
déplorables antécédens financiers de M. Lara Minot, ayant déjà vu
et récolé tant à la recette particulière qu'à la recette générale les
constatations si récentes de M. Lepeintre, sachant à quoi s'en tenir
sur *la valeur* de la *correspondance* administrative du Receveur particulier de Melle, dont il avait sous les yeux, en échantillon, *l'in-*
intelligible gâchis, et repoussant impitoyablement le contact de
toute maligne influence, confirmait la gravité des observations de
son collègue par ces mots, qui n'étaient pas moins accablans pour
M. Lara Minot :

« La Recette générale a tort de CHERCHER à EXCUSER
« des faits qui NE SONT PAS EXCUSABLES. »

Il résulte encore de l'une des mentions, consignée, le 7 août, par
M. Lepeintre sur son procès-verbal, que, s'il ne prolonge par ses
recherches, c'est parce que M. *Lara Minot* est obligé d'assister avec
ses livres à l'*instruction judiciaire qu'il a provoquée* sur les faits concernant son Caissier.

Cette mention, en la rattachant à celles qui précèdent et qui
suivent, démontre que, si M. Lara Minot, au lieu de m'inculper
gravement, n'a donné aucune explication satisfaisante à M. Lepeintre,
c'est qu'il ne le pouvait pas; que, s'il était dans l'impossibilité de

se justifier, de *s'excuser*, pour reproduire l'expression de M. DE QUATRE-BARBES, c'est qu'il encourait la peine de la destitution tout au moins; que partant, pour se soustraire à un châtiment terrible, il lui fallait indispensablement recourir à un expédient.

Or, voici l'expédient qu'il inventa ou qu'on lui souffla.

En présence de l'attitude ferme de M. Lepeintre, qui avait été jusqu'à lui refuser sa porte, et persuadé qu'il en obtiendrait bien moins encore que de M. le Receveur-Général la faveur de ne pas citer dans son travail les déficits ci-dessus relatés, M. Lara Minot me chambra, et m'instruisit du ton le plus pathétique des périls divers qui l'allaient écraser :

« Donnez-moi sans retard, je vous en supplie, mon cher Édouard, « une nouvelle marque de dévouement : acceptez pour quelques in- « stans une culpabilité imaginaire, afin que je puisse produire à l'In- « specteur des moyens de justification. Mon crédit est grand, vous « ne l'ignorez pas ; je suis à la veille d'être promu à une Recette-Gé- « nérale. Je saurai bien arranger les choses administrativement, avoir « raison de M. Lepeintre comme de tant d'autres, et vous récompen- « ser de tous vos excellens offices..... »

Sous l'empire des accens pénétrans de la voix d'un supérieur, qu'à tort ou à raison je me plaisais toujours à envisager comme mon bienfaiteur, auquel je croyais n'avoir rien à refuser, pour lequel, je ne l'ai point caché à mes juges, j'aurais été jusqu'à battre de la fausse monnaie s'il me l'eût proposé, j'accédai spontanément à sa prière ; je n'hésitai point, pour détourner tout soupçon de la tête du Receveur, pour faire croire à sa propre innocence, à lui prêter mon nom, ma personne, à m'accuser de négligence, à m'attribuer les malversations dévoilées par M. Lepeintre, même à disparaître presque toute la journée du 3 août ; je me sacrifiai jusqu'au point d'écrire presque mot pour mot, sous la dictée de M. Lara Minot, les divers billets où j'assume sur moi tous ses méfaits, où je me maudis et manifeste des projets de suicide, où finalement, pour mieux donner le change, je demande à aller moi-même *seul* en prison ! bien convaincu qu'il n'en fallait pas davantage pour fléchir l'inspecteur et l'amener à des dispositions d'arrangement amiables, surtout M. Lara Minot annonçant qu'il se rendait à Niort pour s'en entendre avec ses amis de la Recette générale.

Néanmoins, tant la vérité est une et parle haut, tant avaient été profondes et sûres les premières impressions de M. Lepeintre, lorsque M. Lara Minot, pris en quelque sorte à l'improviste sur le fait, était resté muet de confusion, cet inspecteur demeura inébranlable : distinguant aisément que, si les déficits relevés par le Receveur-Général, dès le 2 juillet, et par lui-même, le 28 suivant, au début de ses explorations, eussent été mon fait au lieu d'être celui de M. Lara Minot, ce dernier n'aurait pas manqué de m'expulser, soit le 2, soit tout au moins le 28 dudit mois, M. Lepeintre ne voulut pas admettre la complaisante culpabilité du commis ; il s'obstina, au contraire, à faire porter sur le chef seul la responsabilité des écritures de la recette, et il ne fut nullement dupe du drame improvisé par le Receveur particulier, puisqu'il dit, devant ma femme, qui venait d'apporter elle-même l'écrit où je parlais de me suicider :

« Cela n'arrivera pas, Madame, votre mari reparaîtra bientôt. »

Ce que voyant, M. Lara Minot, exclusivement dominé par la considération du salut de lui-même, sans tenir aucun compte de l'abnégation avec laquelle son condisciple venait de s'offrir comme victime, foulant aux pieds ce qu'il y a de plus sacré parmi les hommes, l'innocence, et étouffant le cri de sa conscience qui l'avertissait que le subordonné n'avait d'autre tort que d'avoir été l'instrument passif des volontés du chef, M. Lara Minot retourne odieusement contre moi les billets qu'il m'avait si fallacieusement surpris, et les défère, clandestinement, ainsi que moi, à la justice répressive !!

Incontinent, le soir du mardi 4 août, mon domicile est cerné par la Gendarmerie. J'étais à peine couché, lorsqu'y pénètre le maréchal-des-logis en bourgeois. Toute ma famille est dans la consternation ; comme elle ne soupçonne pas plus que moi que M. Lara Minot est le perfide instigateur de cette mesure, mon premier mouvement fut de lui envoyer ma femme pour savoir ce que cela signifiait et le prévenir de ce qui se passait, afin qu'il empêchât mon emprisonnement.

A son aspect, M. Lara Minot feint l'étonnement, s'apitoie, s'écrie même, en présence de notre tante Mme Duval, qui l'avait suivie :

« Ce n'est pas moi qui ai dénoncé votre mari, c'est M. l'Inspecteur.

— Eh bien ! réplique-t-elle, je vais aller chez M. Lepeintre. » Mais sans se déconcerter, tant son thème était bien combiné, M. Lara Minot l'en détourne par ces paroles :

« N'allez point là, ma petite femme, l'Inspecteur ne vous recevrait pas
« plus que moi ; abordez plutôt M. le Procureur du Roi et engagez-le
« de ma part à vouloir bien ordonner aux gendarmes de se retirer.
« De grâce, pour que nous ne tombions pas en contradiction, qu'É-
« douard me rende un dernier service : le déficit présumé est de
« 7000 fr. au plus ; boursillez chez vos parens pour vous procurer
« cette somme, qu'on la verse dès demain, et votre mari n'aura cer-
« tainement aucun démêlé avec la justice. M. l'Inspecteur me croira
« enfin, quand des espèces réalisées lui prouveront invinciblement
« qu'Édouard seul a commis l'erreur. Et dès que M. Lepeintre sera
« parti, je vous rétablirai les 7000 fr... »

M. le Procureur du Roi, chez lequel coururent ma femme et sa sœur Mme Surrault, accompagnées du maréchal-des-logis, répondit, tout en paraissant témoigner des regrets, qu'un mandat d'*amener* avait été lancé et qu'il devait recevoir son exécution.

Ces dames rentrèrent toutes désolées, à l'instant où le lieutenant de Gendarmerie, M. VARIN, s'introduisit également chez moi en habit bourgeois. Pendant la majeure partie de la nuit qu'il y resta, en compagnie de mon beau-frère Surrault, il eut l'air de me choyer, de me prendre sous sa protection :

« Soyez tranquille, disait-il, ce ne sera rien. Si l'on ne peut arriver « à la concordance des écritures que par un déboursé de 7000 f., pour- » voyez-y, et tout se terminera là. Plus tard vous réglerez avec M. Lara « Minot... »

Cet officier connaissait intimement M. Lara Minot, dont il était le débiteur pour une somme assez forte ; il m'adressa une foule de questions et de réflexions. Appelé comme témoin, il a dénaturé mes réponses en prêtant à la plupart une tournure favorable au système déloyal du Receveur particulier, à tel point que, devant la cour, *M. Surrault apostropha M. Varin par le plus énergique démenti,* et que mon avocat fut dans la nécessité de caractériser sa conduite non moins énergiquement.

Le 5 août au matin, le lieutenant de Gendarmerie procéda à mon arrestation.

Presque immédiatement, je comparais devant M. le Juge d'instruction, comme inculpé de *faux en écriture publique;* ce magistrat me fait subir un premier interrogatoire où j'ai la bonhomie de continuer généreusement, dans l'intérêt de M. Lara Minot que je ne sais pas encore être le pervers moteur de mon inique emprisonnement, à m'approprier fictivement des altérations matérielles de chiffres, dont la criminalité lui appartient du reste, puisqu'elles n'ont eu lieu que sous son œil et sous sa main, avec sa coopération, ou ses ordres formels, à son bénéfice exclusif, et qu'en les faisant sans réflexion, j'étais toujours persuadé par M. le Receveur particulier que c'était simplement pour l'ajustement des écritures et des balances, et qu'elles ne tourneraient jamais au préjudice de l'État. Mais, conformément à la stricte vérité en ce qui me concernait, j'ai protesté de toutes mes forces devant le juge interrogateur contre toute imputation d'avoir, en aucun temps, profité des manquans relevés, ou emporté d'autre argent de la caisse que les trimestres de mon traitement et la valeur des mandats de Mme AYMÉ-BERNARDIN, ma tante, pension-naire au titre de veuve de l'ex-conseiller de ce nom : car, à cet égard, actuellement que le masque est tombé, qu'il est avéré que je suis plus pauvre qu'à mon début chez M. Lara Minot, je défie itérative-ment celui-ci de combler la mesure de l'ingratitude et de la mauvaise foi, en osant incriminer ma probité.

Dès le lendemain, les informations commencèrent ; elles ont duré sans désemparer jusqu'au 11 août inclusivement. Les 17 percepteurs de l'arrondissement ont été successivement entendus par M. le juge d'instruction, en ma présence, en celle de M. le Procureur du Roi et du Receveur particulier, dans le grand salon de ce dernier. Là, objet des attentions les plus hypocrites de la part de M. Lara Minot, qui tantôt me prenait sous le bras, tantôt me faisait servir à déjeuner ou des verres d'eau sucrée, tantôt retenait les Gendarmes pour qu'à la fin des séances je retournasse à la maison d'arrêt sous l'escorte plus aimable de mes parens, avertis à temps par son domestique; poursuivi et remué que j'étais par l'appréhension de l'affreuse et *imminente* catastrophe dont le Receveur particulier de Melle était menacé, j'ai persisté, tout d'abord, à m'immoler pour lui. N'écoutant dans ma simplicité que les battemens de mon cœur, je me glorifiais de jouer un rôle qui, s'il a trop prolongé l'agonie de ma prison et celle de ma malheureuse femme, durant les 7 mois 1/2 que sa tendresse l'y a fait séjourner constamment avec moi, n'en a rendu sans doute mon triomphe que plus éclatant, et la conduite de mon délateur que plus hideuse.

A mesure que les percepteurs fournissaient leurs explications au juge d'instruction, le Receveur particulier, ayant besoin de les indisposer contre moi et ayant intérêt à faire admettre que j'avais agi en dehors de ses instructions et intimations expresses, paraissait les gourmander et les menaçait de la responsabilité du déficit; M. le Procureur du Roi lui-même s'associait à cette admonition, lorsqu'il disait à quelques uns d'eux, entre autres à M. Fouquet :
« Bien, Monsieur, ce sera vous qui paierez; cela vous apprendra à
« être plus soigneux une autre fois!!... »

L'un et l'autre de ces fonctionnaires étaient de la sorte en opposition diamétrale avec un juge si compétent, M. Lepeintre, qui avait tancé vigoureusement M. Lara Minot et l'avait contraint au silence, la première journée des informations (6 août), la seule où cet inspecteur ait paru.

Cependant mes parens s'étaient cotisés, et ils étaient sur le point de déposer à M. Lara Minot les 7000 francs dont il avait parlé à ma femme, en ajoutant, depuis, que cette somme servirait de *cautionnement* pour que je recouvrasse ma liberté, quand, consulté par l'un d'eux, M. le Procureur du Roi lui signifia sèchement que, malgré ce, l'affaire suivrait son cours. Alors les bourses se sont fermées, et ma famille désabusée, indignée, désormais en défiance entière, m'adjura de déchirer le voile, de révéler toute la vérité à la justice.

Alors aussi les facilités que j'avais de communiquer avec mes proches qui me visitaient jusqu'à douze à la fois, sans avoir à se munir de permission, furent extrêmement restreintes; le Maire, **M. DELAVAU**, beau-frère du Receveur particulier, contrairement à tous les précédens, bien que le Procureur du Roi et le Juge d'instruction n'élevassent aucune opposition, défendit au concierge de laisser entrer à l'avenir

dans ma cellule plus d'un étranger ou plus de deux parents en
même temps, *sans son autorisation écrite*. Les 15, 20 et 23 d'août, 8,
21 et 27 octobre, j'ai subi six autres interrogatoires, sans être *jamais confronté* avec aucun des témoins, particulièrement avec M.
Lara Minot, qui, lui, a eu lecture de deux de mes interrogatoires de
la part du troisième juge-suppléant fonctionnant *loco* M. le Juge
d'Instruction au Conseil général ; sans jamais non plus avoir eu la
moindre communication des déclarations de ces témoins entendus,
au nombre de vingt-neuf, dans le cours de l'Instruction, les 17, 18,
26 et 28 d'août, 8, 12, 16, 17, 24, 25, 27 et 28 septembre, 2, 17 et
29 d'octobre.

Deux procès-verbaux de perquisitions, tant à mon domicile que
dans ma prison, sont venus se joindre à mon second interrogatoire du
15 août. La première opération a produit uniquement la saisie d'un
écrit, sans date ni signature, du Percepteur de Couture, et de quelques pièces dont la régularisation m'avait été confiée au sujet du remboursement d'un capital de 915 f., représentant le cautionnement de
M. Guiard, en qualité d'ex-percepteur de Sainte-Soline, aujourd'hui
titulaire de la Réunion de Vanzais. La seconde recherche a été sans
résultat aucun.

A l'interrogatoire du 20 août ainsi qu'aux quatre subséquens, je
figure non plus tant comme prévenu de *faux* que d'*abus de confiance*.
Puis, peu après, le 31 octobre, le Procureur du Roi, se livrant apparemment à d'autres appréciations que le Juge d'Instruction, ou autrement renseigné, m'attribue dans un fulminant réquisitoire la
perpétration d'une multitude de détournements frauduleux surpas-
sant 25000 fr., au préjudice, suivant lui, 1° des percepteurs, 2° du
receveur particulier, responsable du déficit de ces comptables.

Mais, une fois que rentré dans le cercle de la vérité, d'où je n'étais
sorti momentanément que pour complaire et être utile à M. Lara
Minot, qui m'en avait tant sollicité, j'ai eu montré clairement et naturellement à la Justice

— Combien étaient injustes, injurieux et controuvés les soupçons
d'infidélité que le fourbe M. Lara Minot avait faussement articulés
contre moi, et que M. le Procureur du Roi n'aurait assurément pas
accueillis pour peu qu'il eût voulu observer,

Premièrement, que les dettes qu'il m'a reprochées dans son réquisitoire avaient été soldées par une partie d'un *second emprunt de*
8000 fr. à moi consenti, en 1835, par le même M. Roullet,

Secondement, que le surplus de cet emprunt, la vente à M. Delavau, prénommé, de la plus petite de mes trois maisons m'appartenant longtemps avant mon installation chez son beau-frère, les
revenus des deux autres, les 1500 fr. que je retirais de la moitié du
produit cumulé de la place de commis-caissier et de la perception de

Paillet, ainsi que trois autres cents francs à peu près que me rapportait, du consentement du Receveur particulier, la mise au net mensuelle des écritures de quelques percepteurs, avaient suffi et audelà pour faire face, 1° aux intérêts des 16,000 que je *dois encore à M. Roullet*, 2° à la construction par *Labonnette*, maçon, qui en a déposé, d'un appentis d'une cinquantaine de toises de grossier maçonnage non actuellement achevé, 3° et au prétendu luxe de la toilette de ma femme et de mes deux filles, dont les plus belles mais bien modestes robes leur provenaient d'ailleurs de la touchante libéralité d'une respectable dame, au vu et su de mon parcimonieux détracteur ;

— Comment le Receveur particulier de Melle, pendant ses voyages à Paris ou à Bordeaux, réglait le service en se faisant suppléer par Paillet, lequel, quoique percepteur, était autorisé à signer *conjointement* (et dès lors de *complicité*) *avec moi* les récépissés et toutes les pièces comptables, à exercer toutes les opérations de Caisse.... ;

—Comment M. Lara Minot était tout ensemble Receveur particulier, Banquier, et administrateur de ses nombreuses affaires domestiques;

— Comment *la clef* de sa caisse unique était à la disposition ou à *la merci d'un chacun*, voire de son domestique, qui quelquefois avant l'ouverture du bureau la prenait pour remettre au messager attitré les envois au Receveur Général;

—Comment un *chacun aussi puisait ou versait* dans cette caisse indistinctement soit pour les actes du Trésor, soit pour les spéculations commerciales ou de Banque de M. Lara Minot, soit pour ses entreprises privées, ou ses dépenses de ménage;

— Comment M. Lara Minot, les jours où il avait à effectuer des prêts ou des remboursemens sans avoir suffisamment d'espèces, procédait au sujet des versemens et des livres des percepteurs comme au sujet des siens propres ;

— Comment, avec de si pernicieuses pratiques, il était d'autant plus malaisé de se préserver des désordres d'écritures et de comptabilité signalés, que l'âpreté d'un gain immodéré grossissait, en les multipliant sans cesse, les chiffres des affaires de toutes sortes de M. Lara-Minot;

—Une fois donc que j'ai eu indiqué la manière avec laquelle celui-ci, très-entêté comme chacun sait, entendait que j'opérasse pour son compte, manière qu'il était tout intéressé à dissimuler, et qui, somme toute, n'était autre que celle en usage déjà sous mon devancier;

— Et surtout après avoir eu mis au jour les motifs qui m'avaient inévitablement poussé à céder aux décevantes prières de M. Lara Minot, en me substituant à lui pour quelques instants :

J'avais tout droit de penser qu'une ordonnance de non-lieu me relaxerait, ou qu'au moins celui dont notoirement je n'étais que le subordonné, l'exécuteur obligé des commandemens, l'aveugle prête-nom, figurerait à côté de moi dans le procès.

Loin de là, une décision de la juridiction supérieure a consacré fâcheusement le vice de la poursuite, en m'incriminant *seul* et même à nouveau. Par arrêt de la Chambre des mises en accusation de la Cour royale de Poitiers, à la date du 20 novembre 1840, j'ai été renvoyé devant la Cour d'Assises *sous* la triple *accusation de détournement de deniers publics ; de faux en écriture authentique et publique ; d'abus de confiance au préjudice* DU RECEVEUR PARTICULIER DE MELLE, dont j'étais le commis salarié.

Sous ces trois catégories, l'acte d'accusation dressé, le 1er décembre suivant, par feu M. le Procureur-Général GILBERT-BOUCHER, a rangé 99 griefs, dont quelques-uns, renfermant des faits complexes, ont été divisés par M. le Président des Assises, qui a soumis au Jury 147 questions = 43 touchant les prétendus faux , et = 104 touchant les prétendus détournemens frauduleux et abus de confiance.

L'accusation, qui a renchéri sur le Procureur du Roi, a relevé, elle, *jusqu'à 28,516 fr. 29 c. de déficits ou soustractions* AU PRÉJUDICE DE M. LARA MINOT, PERSISTANT PAR LA PLUS CONDAMNABLE TACTIQUE A LES FAIRE RETOMBER SUR LES PERCEPTEURS, Savoir :

				EXERCICES.	
En ce qui concerne	M. FOUQUET, Percepteur à	La Mothe		1838 1839 1840	3,950
—	M. CHAIGNEAU, —	Mougon		1838 1839 1840	3,460
—	M. GUIARD, —	Vanzais		1838 1839 1840	3,240 *
—	M. CRESPEAUX, —	Brioux		1838 1839 1840	3,200
—	M. CORNICHON, —	Chizé		1838 1839	3,100
—	M. GABOREAU, —	Sauzé		1838 1839	3,020
—	M. COYAUD, —	Chenay		1838 1840	2,543 60
—	M. JOLLY, —	Celles		1839	1,920
—	M. PREVOST, —	Melleran		1837 1839	1,500
—	M. MOTHEAU, —	Pamproux		1838	600
—	M. BOURCY, —	Chail		1838	550
—	M. PERRAIN, —	Chef-Boutonne		1840	532 69
—	M. SURAULT, —	Coutures		1838 1893	500
—	M. PROUST , —	Lezais		1839	400
		Égalité.			28,516 29

* Y compris le montant du remboursement de sondit cautionnement.

Il est à remarquer que, dès le 2 octobre, le successeur de M. Lepeintre, M. l'inspecteur Reboul, après 19 jours de scrupuleuses vérifications sans doute, mais à aucune desquelles je n'ai été appelé, ce qui laissait les coudées franches à mon dénonciateur M. Lara Minot, n'avait accusé que 21,319 fr. 66 c. pour les déficits. D'où serait provenue l'énormissime différence de 7,196 fr. 63 c. ? y aurait-il eu, dans l'intervalle du 2 octobre au 1er décembre, une contre-vérification par quelque autre délégué plus clairvoyant, plus rigide? Dans l'intérêt de qui il appartiendra, il est regrettable que M. Reboul n'ait pas exhibé son travail et que la communication m'en ait été constamment refusée; serait-ce, par hasard, que cet inspecteur redoutait que, l'opposant à celui du consciencieux et inflexible M. Lepeintre, je n'en tirasse des faits et des arguments destructeurs de sa déclaration au moins hasardée, à savoir :

« Que toutes les investigations auxquelles il (M. Reboul) s'était li-
« vré, l'avaient convaincu que M. Minot n'avait JAMAIS *connu* les
« soustractions existantes dans sa gestion; qu'il N'AVAIT PU en *profiter*,
« et que le Sr *Jottreau*, après s'en être rendu *coupable*, en avait *re-*
« *tenu* le montant? »

J'ai dû être d'autant plus surpris de l'arrêt de renvoi et de la teneur de l'acte d'accusation, que le réquisitoire du Procureur du Roi, dans un de ses passages où il est question de mon interrogatoire du 15 août, et où est annoté comme identique le procès criminel *Durand* et son *Commis-Caissier*, semblait en faire découler mon langage devant le Juge instructeur, en insinuant que ce n'était pas les erremens de la bonne foi que je suivais, mais bien ceux de ce commis. Or, à cause de l'identité des deux affaires invoquée par M. le Procureur du Roi, et peut-être aussi parce que M. l'inspecteur Reboul *venait* d'être entendu *comme témoin* dans celle de *Durand*, n'échéait-il pas justement, naturellement, logiquement, de traiter les personnes de la même façon que les choses ? Devais-je monter seul sur les bancs de la Cour d'Assises?La Justice de Paris avait, elle, poursuivi ensemble et le Receveur Durand, chevalier de la Légion-d'Honneur, et son commis-caissier, sur le compte duquel ce Receveur avait tout mis aussi : (*il s'agissait d'un déficit de plus de 30,000 fr. datant de 1812, d'écritures falsifiées....!*) Le RECEVEUR, monsieur Lara Minot, vous l'avez entendu de la bouche de mon avocat, *a été* CONDAMNÉ *par la cour d'Assises de la Seine*, le 22 août 1840, à HUIT ANS DE TRA-VAUX FORCÉS et à 4000 fr. D'AMENDE ! Le COMMIS a été AC-QUITTÉ!! (A)

Sur ces entrefaites, d'après des assertions respectables, la haute justice administrative n'aurait pas, en ce qui la regardait, manqué

(A) — Application des articles 169 et 172 du Code Pénal.

à son devoir. Ne pouvant avoir oublié que M. Laurence, Receveur particulier à Châtellerault, avait été *suspendu pour une simple erreur de chiffres* = 3000 fr. =, elle aurait d'office frappé provisoirement de cette mesure M. Lara Minot, sauf à la lever ou à prononcer sa destitution, suivant le dénouement des débats criminels. Mais un puissant patronage, habilement capté par le Receveur *tout* particulier de Melle, a manœuvré à la dérive tant et si bien, que l'ordre de suspension aurait à peine vu le jour à Niort, dans le cabinet du fonctionnaire qui, dans la conjoncture, est d'autant plus condamnable d'avoir mis obstacle à l'exécution de cette si mince punition, qu'il aurait dû être le premier à la provoquer.

L'intrigue a été si adroitement conduite, que, en défiance vraisemblablement de M. Lepeintre, celui-là même qui avait démasqué, constaté et dénoncé les malversations de M. Lara Minot, mais dont il n'y avait rien à espérer, on a arrêté tout à coup cet inspecteur dans l'accomplissement de sa tâche, en le remplaçant ensuite par M. Reboul.

Il y a mieux : pour gagner du temps, sans égard à la position si intéressante d'un accusé sataniquement abusé et à l'état fâcheux de sa santé, l'intrigue s'est tant remuée, que la cause fixée et appelée à la session de la deuxième quinzaine de décembre 1840, a été *ajournée* à la prochaine, c'est-à-dire à *trois longs mois !* Après la lecture de l'arrêt de renvoi et de l'acte d'accusation, à l'audience du vendredi 18, ce ne fut qu'à celle du lendemain 19 que, malgré l'opposition de mon avocat, cet ajournement eut lieu, motivé sur l'*absence* de deux des témoins, MM. l'Inspecteur Lepeintre et le Receveur-Général des Deux-Sèvres. Ce dernier, qui, nonobstant la connaissance parfaite qu'il avait des phases de la procédure, était allé inopportunément à Paris, n'ayant adressé à la Cour qu'un informe certificat médical énonciatif d'une application de sangsues au siége de M. le baron Euryale de Girardin, fut condamné au maximum de l'amende (100 fr.). Quant à M. Lepeintre, qui avait transmis une attestation du Ministère des Finances, par laquelle il justifiait d'une mission EXTRAORDINAIRE de service, il fut déchargé.

Au jour de ma seconde comparution devant la Cour d'Assises, le 17 mars 1841, j'aperçus bien parmi les 51 témoins du Procès le Receveur-Général de Niort qui demanda, sans pouvoir l'obtenir, qu'on rabattît l'amende; mais je n'eus pas le bonheur d'y voir M. l'inspecteur Lepeintre, excusé pour une indisposition malgré laquelle il allait cependant s'acheminer, s'il n'en eût été empêché par un contre-ordre subit arraché par les menées de M. Lara Minot.

Les quatre audiences des 17, 18, 19 et 20 mars ont été consacrées tout entières à la lecture des pièces, à mon interrogatoire et à l'audition des témoins. Le réquisitoire du Ministère Public et les plaidoieries de la défense ont occupé la journée du 21 ; et la matinée du 22, où a été prononcé le verdict, a été employée au résumé de M. le Président.

M. l'Avocat du Roi TORTAT, et mon défenseur Me PONTOIS, avocat, ancien bâtonnier du barreau de Poitiers, ont alternativement chacun deux fois porté la parole devant un Jury — où comptaient cinq notables propriétaires, deux notaires, deux négociants, un colonel de la garde nationale, un maire membre du conseil général, et un chevalier de la Légion-d'Honneur, — au milieu d'une foule inaccoutumée d'assistans assidus, parmi lesquels beaucoup des principales sommités de la ville de Niort et des environs, attirés par l'importance de l'affaire qui depuis si longtemps préoccupait vivement l'opinion publique.

Face à face avec peut-être mon seul ennemi juré, j'ai, sans détour comme sans fiel, avec la droiture et le sang-froid qui caractérisent le parfait honnête homme, fait connaître mes antécédens et ma conduite, réciproquement les antécédens et la conduite de M. Lara Minot; j'ai avoué les torts qu'ils m'avait fait commettre; j'ai expliqué comment, pour le préserver tant de la honte que de la suspension ou de la destitution, j'avais été insidieusement entraîné par lui à m'imputer un moment des chefs d'incrimination qui tous lui appartenaient, comme mon supérieur les ayant ordonnés toujours, en ayant été plusieurs fois personnellement l'auteur, surtout pendant les intervalles où la goutte me retenait chez moi ; j'ai établi que les monstrueuses irrégularités des écritures et de la comptabilité du Receveur particulier ne provenaient que de l'amoncellement des opérations différentes auxquelles s'adonnait journellement=le BANQUIER, Emprunteur à 3 et 4 p.% (A), prêteur et escompteur à 6 p.% en dedans et beaucoup au-delà le plus souvent (B), = le spéculateur agronome, vendant et achetant en quantité des bestiaux et des céréales, =et l'administrateur privé acquérant considérablement d'immeubles, édifiant des maisons urbaines, construisant des bâtiments ruraux, etc, etc. : toutes lesquelles opérations, ne laissant pour la plupart aucune trace après elles, faute de points de repère avec les livres de la Recette, ou même d'un enregistrement exact sur le brouillard, exigeaient force mouvements de fonds qui tous s'effectuaient à la caisse unique de la Recette,

---

(A) Taux auquel M. Lara Minot a reçu à sa caisse, par exemple, 20,000 fr. DE M. DE MAUBUÉ, ingénieur des Ponts-et-Chaussées; pareille somme de 20,000 fr. de M. DE GIGOU, ancien Maire intérimaire de Melle, qui l'avait prélevée sur le produit de la vente d'une rente 3 p. 0|0 que M. Lara Minot n'avait consenti à confier à son agent de change qu'en par M. de Gigou lui laissant ces 20,000 f. une première année à 3 et les suivantes à 4.

(B) Vis-à-vis, par exemple, de M. CAIRE et de nombre d'autres marchands de Mules.

dont la fréquente pénurie ou insuffisance des ressources ne pouvait être comblée par M. Lara Minot qu'au moyen des pratiques que j'ai plus haut rapportées, et en outre qu'en par lui recourant une infinité de fois à la bourse de ses parens ou intimes. —Sans entendre inculper M. Lara Minot autrement qu'il le méritait, j'ai démontré qu'au lieu de faire, ou, si l'on veut, qu'en faisant des avances individuelles à 3 5/6 p. % au Trésor, il parvenait, par son ingénieux mais bien périlleux mode de procéder, à se constituer d'habitude, au détriment des contribuables, des percepteurs, des porteurs de mandats et du Trésor lui-même, débiteur envers celui-ci de sommes majeures rendant en *moyenne un intérêt* de 8 à 12 p. 0/0 ; mode qui avait engendré forcément les différences ou déficits signalés, dont bénéficiait M. Lara Minot en les employant comme dessus; non pas que de la sorte, ainsi qu'il l'a innocemment insinué pour tromper l'espion, il avait eu l'intention de *se voler lui-même* en retenant à toujours tous les deniers qu'il empruntait à sa caisse, mais bien plutôt celle de lui restituer les différences en moins ou manquans résultant de ses emprunts, au moyen des seuls profits extraordinaires qu'il en recueillait incessamment par l'application de sa méthode.

Si, comme aucuns l'ont estimé, M. le Receveur particulier de Melle, qui a déclaré veiller presque chaque jour jusqu'à minuit et ne se pas coucher sans être fixé positivement sur l'état de cette caisse, a commis là plus qu'une faute de nature à le dérober à la juridiction gracieuse administrative, ce n'est certes pas tant à son incroyable incurie et à sa soi-disant confiance aveugle en moi , ainsi qu'a paru le croire l'accusation, qu'à son excessive avarice qu'il doit s'en prendre.

M. Lara Minot ne se bornait pas à réduire presqu'à rien le traitement de son Commis-Caissier (800f.), qu'à la vérité les trois fameux traités du 5 février et des 4 et 5 juin 1835 grossissaient d'environ huit autres cents francs prélevés, chose inouïe ! sur le produit de la perception de Mellé , ou plutôt sur les contribuables, il poussait la lésine jusqu'à ne rémunérer ni gratifier jamais aucun de ses autres auxiliaires, trop payés sans doute par l'honneur de faire leurs premières armes sous un tel maître ! Pour restreindre le plus possible les menus frais de bureau s'élevant à peine à 150 fr. par an, il vendait pour son compte les vieux papiers à l'épicier, et il s'appropriait à lui seul, en dépit de l'usage et de toute pudeur, la remise de 15 p. 0/0 allouée par l'entrepreneur des imprimés et fournitures concernant la comptabilité des percepteurs. Ce n'est que récemment qu'il avait abandonné à M. Dubray la plus forte partie de la passe des sacs...

Les percepteurs , déjà tant foulés par leurs avances et par d'autres non-valeurs aggravées de plus par les exigences insatiables de M. Lara Minot, avaient en général l'extrême complaisance de tout lui souffrir (A), quelque préjudice qu'ils en essuyassent; il les contraignait notamment, lors des décomptes trimestriels de leurs remises et des allocations communales, à lui en réaliser ou avancer intégralement le montant, d'après le mode que voici : le jour d'un décompte, un de ces comptables venant verser, par exemple , 1000 fr. , avait-il à retirer pour ses remises et les allocations communales la somme de 500 fr. , il donnait une quittance de ces 500 fr. au receveur particulier , lequel les gardait néanmoins et les mentionnait sur son récépissé, qui, au lieu d'être de 1000 fr., était de 1500 fr. Afin que les inspecteurs, s'ils cédaient à l'envie d'examiner le bordereau de versement, marquant seulement le chiffre de 1,000 fr., tandis que la copie du récapitulatif relatait les 1500 du récépissé , ne s'aperçussent pas du désaccord, le Receveur particulier avait coutume de faire gonfler, *après coup*, ce bordereau du chiffre de 500 fr. formant la différence. La quantité des bordereaux de percepteurs où s'est opéré un gonflement ou rajustement du même genre, aussitôt la sortie du bureau de ces comptables, qui ne s'en doutaient pas, est prodigieuse! Ainsi, en violation flagrante des défenses de l'autorité supérieure, les versemens sur contributions étaient enflés aux dépens des pauvres percepteurs, qui ne recevaient que du papier au lieu d'argent , pour eux et les besoins de leurs communes dont les fonds ne doivent jamais être affectés au paiement de l'impôt, mais, bien, placés au Trésor pour rapporter intérêt. Ainsi encore, pour le cas où ces agents auraient été vérifiés par un inspecteur, le soir ou le lendemain de leurs versemens, ils étaient exposés à être constitués en déficit et, par suite, à être suspendus ou destitués! le tout pour s'être aveuglément donné en pâture à la voracité de leur tyran qui, désolé de ne retirer du Trésor que 3 5/6 p. 0/0 de son solde créditeur de *fonds particuliers* $=$14,000 à 20,000$=$chiffre d'une ténuité risible en

---

(A) En revanche , M. Lara Minot en faisait noter quelques-uns de cette injuste manière : « Les percepteurs le plus habituellement en retard sont ceux de Chail, » (*M. Bourcy,* frère du président de Civray), de Pamproux, (*M. Motheau,* frère du » conseiller d'arrondt. prénommé) , de Perigné, (*M Garnier,* beau-frère du président du tribunal de Melle). Nous avons été dans le cas de faire la même remarque, • l'année dernière, à l'égard des deux premiers. La tenue de leurs écritures mérite » aussi quelques reproches, et M. Minot devra employer à leur égard tous les moyens » qu'il jugera convenables pour stimuler leur activité, imprimer une meilleure direc-» tion à leurs écritures , et placer au besoin pour cela un agent près d'eux. » — *Extrait* du procès-verbal de M. le Receveur-Général plus haut cité, lequel, au mépris de la notoriété, énonce, entre autres, MENSONGÈREMENT: *qu'il n'y a pas de percepteurs* » *qui exercent de fonctions* incompatibles *avec leur emploi,* » tandis que celui de Melle, M. Paillet , pendant les congés ou absences de M. Minot, remplissant conjointement avec moi les fonctions de ce dernier, était ainsi dans le cas de se délivrer des récépissés à lui-même ou de se vérifier, et que celui de Celles, M. Jolly, était tout ensemble débitant de tabac, receveur buraliste, et receveur de l'octroi, se versant à lui-même en qualité de receveur municipal !

regard des prétentions gigantesques de M. Lara Minot à une recette générale, obtenait par les encaissemens trimestriels des remises aux percepteurs et des allocations aux communes s'élevant d'ordinaire à 25000 fr., soit = 100000 fr. pour l'année =, la facilité de consommer des prêts ou escomptes d'un produit moyen de 8 à 12 pour 0/0., à raison de ce qu'il opérait à courte échéance et que toujours il prélevait l'intérêt sur le capital fourni.

C'est en exerçant de semblables procédés et tant d'autres tout aussi peu légitimes, que le cupide et avaricieux M. Lara Minot (A) portait les émolumens de sa place à 18,000 fr. nets par année, *en minimum*, défalcation faite des salaires de son commis et de ses frais de bureau, qu'il abaissait le plus souvent au-dessous de 850 fr.

Tous mes soutènemens reposant soit sur l'évidence, soit sur la notoriété, soit sur les documens sus-énoncés, l'accusation, par rapport à moi du moins, tombait en poussière ; et c'était peine perdue à M. Lara Minot que de chercher à se débattre contre la réalité et les déclarations parfaitement concordantes et confirmatives tant des 22 témoins à décharge que de plusieurs des témoins à charge.

Parmi ces derniers, les 17 Percepteurs, vis-à-vis desquels ma position avait été rendue quelquefois si fausse et si pénible par les étranges manœuvres de M. Lara Minot, qui, à l'occasion, pour mieux garder les apparences, savait jurer et me gronder devant eux, ont déposé sur les faits incontestés de versemens et de comptabilité matériellement constitutifs des désordres ou malversations de l'administration du Receveur particulier de Melle, lequel les avait enjoints ou conseillés sous sa responsabilité personnelle.

M. Reboul, relativement à l'innocente qualification d'*oubli*, de *lacune*, appliquée par M. Dubray aux résultats de pareils désordres, n'a pas balancé à dire, lui, qu'ils n'étaient autres qu'un *déficit* et qu'il n'existait point *de lacune en matière de finances*.

Le Receveur Général a révélé implicitement que M. Lara Minot en avait bien jugé ainsi, puisqu'il a déclaré que, le receveur particulier de Melle ayant essayé d'obtenir que son procès-verbal du 2 juillet *ne spécifiât* pas les différences en moins entrevues alors, il le lui avait très-formellement refusé (B).

(A) Il manipule annuellement en moyenne 14 à 1500,000 fr. de versemens de toute nature effectués à sa caisse unique ; et l'on a vu que les pénalités portées par les articles 3 et 4 de la loi du 3 septembre 1807 ne l'empêchent pas d'appliquer la théorie de *Bentham* sur la liberté illimitée des conditions du prêt conventionnel.

(B) Ce fonctionnaire, qui, aux débats, a donné une nouvelle preuve de la capacité qu'on lui connaît, n'a pu se refuser à la prétérition criminelle que M. Lara Minot était si intéressé à en obtenir, que par la crainte de se compromettre gravement. Combien il est fâcheux que M. Euryale de Girardin, au lieu d'aller passer son temps à la terre de son subordonné, qui, comme de coutume, ne lui a pas épargné les libations, n'ait pris que quelques notes en courant, le 2 juillet, jour où l'avait accompagné à Melle

Il a été déposé par M. GAZEAU, chevalier de la Légion-d'Honneur, ancien maréchal-des-logis de Gendarmerie à Rom , que M. Lara Minot *n'acquittait les mandats* de la Gendarmerie que très *tardivement,* après plusieurs réclamations. Ce fait a été relevé par M. l'Inspecteur HAUDRY DE SOUCY, qui l'a inséré dans son procès-verbal de vérification, et qui même a dû en écrire spécialement au Ministère des finances.

M. *Le Moyne,* l'un des notaires certificateurs de Melle, a déclaré qu'il avait laissé souvent, durant 5 à 6 *mois,* entre mes mains, sans être payés, divers *mandats* de pensionnaires ses clients, auxquels j'en avais toujours remis l'intégralité.

Deux entrepreneurs de routes et travaux publics , *MM. Julhes et Rossipon* , ont confirmé que , porteurs aussi de mandats importants sur la caisse de M. Lara Minot, ils en avaient *plus ou moins longtemps attendu le remboursement* ; que c'était moi qui les leur avais acquittés par fraction , sans qu'en définitive il leur eût manqué une obole du principal.

Le chargé au rabais des transports d'envois à la Recette générale (CHAUVINEAU) a déposé qu'à différentes fois c'était le *domestique* de M. Lara Minot qui LUI AVAIT FAIT LA REMISE des coffres ou colis renfermant les fonds de versemens.

Il a été certifié par *M. Vallette,* marchand propriétaire à Lezay , qu'à la fin de juillet, alors précisément que M. Lepeintre était en train de vérifier, il avait exhibé à M. Lara Minot une *traite* du Receveur-Général d'une importance de 7000 *francs ;* que M. Lara Minot lui ayant fait observer qu'il n'était pas en mesure de réaliser cette somme, il en obtint néanmoins , après une vive insistance, un à-compte d'environ 1800 fr., et que le surplus ne lui fut payé qu'en un *bon* sur M. Gaboreau, percepteur à Sauzé; où il avait à se libérer de droits de mutation, et *en un autre bon de* 3000 *francs ,* A UN MOIS DE DATE , sur M. Proust, percepteur audit Lezay. Or, M. Lara Minot mentait effrontément quand il alléguait à M. Vallette que la caisse était presque sans argent ; car, ce témoin à peine sorti, il adressa au Receveur Général un versement comprenant 13000 FR. DE NUMÉRAIRE, plus la traite de 7000 fr. censée soldée; et il me commanda sur-le-champ d'établir au crédit de son compte de fonds particuliers 3000 fr. provenant d'icelle traite, en même temps que , voulant favoriser le percepteur de Lezay, excellent agent du reste, mais qui

---

M. le receveur particulier de Parthenay, et n'ait pas, au contraire, aidé au besoin des lumières de celui-ci, contrôlé sur place, sans ménagement aucun, dans tous leurs détails, les écritures et la comptabilité de M. Lara Minot! Car alors M. le Receveur-Général, mieux imbu des instructions ministérielles, aurait tranché le mal dans sa racine, en suspendant le Receveur particulier de Melle par la nomination d'un préposé provisoire à l'administration de son bureau.

était en retard de plus d'un mois, il me dit de prélever 1000 autres francs pour le compte de celui-ci, et d'en dresser un récépissé : sur tout quoi M. l'inspecteur général de *Quatre-Barbes* a été parfaitement édifié. Mais, dans cette circonstance comme en toutes autres, M. Lara Minot transgressait impunément ses devoirs pour satisfaire à son abjecte maltôte.

Sur mon interpellation, M. *Martin*, l'un des employés actuels de la recette particulière, a dit qu'en mon absence il avait pris *la clef* de la caisse, et qu'il y avait puisé pour acquitter diverses dépenses, comme aussi pour délivrer, entre autres, une somme de 1000 *fr.* à M. Roullet, le régisseur, qui avait fait des *placemens chez M. Lara Minot,* sans que celui-ci *ait inscrit nulle part* cette somme.

Le jeune LOGEAY, travailleur libre depuis quelques semaines chez M. Lara Minot, a déclaré que lui-même avait *pris la clef* de la caisse pour en tirer les fonds nécessaires *au paiement d'un mandat* dont était porteur le secrétaire du Sous-Préfet, M. DOUZIL, lequel, avec l'autorisation de M. le préfet, *signe et enregistre par délégation les* RÉCÉPISSÉS *des percepteurs :* PIÈCES qui, pour le remarquer en passant, ne devraient peut-être pas être des *feuilles volantes;* car il paraîtrait essentiel qu'elles fussent *reliées en volumes à souche* avec une série de numéros non interrompus, obligés, ainsi que cela s'exécute pour les quittances des contribuables et les mandats des receveurs généraux.

Les dépositions et explications, quoique entortillées, du percepteur CORNICHON et de M. VIEN, ex-notaire, maire de Chizé, président du bureau d'administration de l'*hospice de cette ville*, ont appris suffisamment qu'un domaine appartenant à cet hospice avait été aliéné pour un prix dépassant 70,000 fr. ; qu'un premier et fort à-compte, payé par les acquéreurs, avait été versé à M. Lara Minot, sans que ce dernier se fût *mis immédiatement en mesure d'en passer écriturse,* et, qui pis est, de le verser lui-même; que, plus tard, en octobre 1839, le percepteur Cornichon avait déposé à la recette particulière une somme de *cinq mille et quelques cents francs* émanant de la même source, sans qu'il en ait *été également passé écritures par M. Lara Minot,* malgré toutes les sollicitations réitérées du déposant pour avoir un reçu à échanger contre un bordereau d'inscription au Trésor royal; que ce fut seulement à *trois mois de là, le 9 janvier* 1840, qu'ayant versé 13,932 fr. 87 c. pour ledit hospice, *enregistrement en eut enfin lieu* sur le récapitulatif du comptable et sur les livres de l'établissement : ajoutant bénévolement le percepteur Cornichon que, si les choses s'étaient passées de la sorte, c'est que l'intention des administrateurs, sur le point pourtant de se plaindre de l'inconcevable retard apporté à l'expédition de leur titre, avait été que toutes les différentes sommes fussent réunies pour n'avoir qu'une seule inscription de rente sur l'État. De son côté, M. le maire Vien, qui avait parlé et *délivré dans le même sens un certificat pour M. Lara Minot* au percepteur Paillet, qui lui avait été dépêché en août 1840, ne s'apercevait pas plus que le percepteur Cornichon qu'en cherchant à disculper l'inexcusable traitant de l'arrondissement de Melle, ils s'accusaient eux, à leur tour, de contraventions compromettant au suprême degré les intérêts des Pauvres de l'hospice de Chizé. La perte que M. Lara Minot occasionnait à cet établissement en séquestrant subrepticement, et sans le dédommager par aucune bonification, une portion considérable de ses fonds, était d'autant plus criante que, d'après le témoignage de M. Veau, notaire à Pioussais, celui-ci, notamment, supportait un intérêt de *plus de six pour cent* pour 5500 fr. que lui avait alors prêtés M. Lara Minot sur billets à ordre, et qui justement n'étaient autres que les écus déposés, en octobre 1839, à la Recette particulière pour le compte de l'hospice de Chizé.

M. *Tirant*, commerçant,—cousin germain du percepeur Paillet,— et M. *Mesnard*, ci-devant qualifié, l'un et l'autre domiciliés à Melle, ont particulièrement parlé d'un *emprunt de 4000* fr. qui leur avait été accordé *au même taux* qu'au précédent témoin M. Veau, et pour lequel ils avaient souscrit solidairement à M. Lara Minot des billets à ordre. C'est moi-même qui extrayai de la caisse, où il n'y avait que l'argent d'un versement tout récent sur contributions directes, de quoi remplir cet emprunt.

Le même M. Tirant ayant déposé qu'un soir, rentrant chez lui et rencontrant devant la porte du maire M. Lara Minot, ce dernier lui avait manifesté la plus profonde peine de *m'avoir fait incarcérer*, et M. Lara Minot ayant donné à entendre qu'il pouvait bien avoir exprimé de pareils regrets à plusieurs de ses amis, mais que ce n'était sûrement pas au témoin, M. Tirant a relevé vivement, avec la plus honorable susceptibilité, la remarque dédaigneuse du Receveur particulier, et a répété de plus fort ce qu'il venait d'attester à la Justice.

M. Mesnard a oublié de faire connaître une des cent pratiques par lesquelles M. Lara Minot amplifiait ses gains illégitimes. Ce témoin, qui avait éprouvé des désagréments pour se libérer de l'une de ses traites comme adjudicataire de coupes de bois, eut un jour la duperie d'accepter, afin désormais de s'exempter de tout tracas, l'intermédiaire de M. Lara Minot, lequel ne s'interposa qu'en par M. Mesnard le nantissant au moins une quinzaine avant leur échéance du montant des traites ; à telles enseignes que l'entremetteur n'avait guère d'autre peine que de joindre ces anticipations à une infinité d'autres pour les faire fructifier !

Durant le cours des vérifications de M. Lepeintre ou de M. Reboul, M. Lara Minot, soit pour réintégrer quelque déficit avéré, soit pour faire face à quelque engagement ou spéculation d'argent, alla chez M. *Gillet*, banquier à Melle, ainsi que celui-ci en a déposé, et lui fit *escompter*, après les avoir endossés, les effets Veau, Tirant et Mesnard. Un peu plus tard, en octobre 1840, au retour d'un voyage à Paris, où il avait pris langue et vraisemblablement avait été vertement vitupéré pour ses illicites opérations de banque, M. Lara Minot se représenta chez M. Gillet pour retirer ou échanger ces effets, de manière à ce que ses *endos fussent biffés* et qu'il ne restât aucune trace de la négociation sur les livres de l'escompteur ; mais M. Gillet, qui a des associés à Saint-Jean-d'Angely, ne crut pas devoir y consentir, et il a déclaré qu'il *repoussa la proposition de M. Lara Minot*.

A l'égard d'une *métairie* achétée par M. Lara Minot des *Proust du Courteil*, moyennant 24500 fr. et *non pas* 18000 stipulés payés *comptant en écus* dans le contrat, quoiqu'en RÉALITÉ ils ne l'aient été qu'EN BILLETS, M. *Beaufine*, notaire à Mougon, qui a recouvré ces effets, a déclaré que, le jour où il en a présenté un de la somme de 5000, lequel par parenthèse tomba et se consuma dans le feu de la cheminée du bureau, ce fut *moi qui lui délivrai* ces 5000 fr., *après en avoir fait la levée dans la caisse du Trésor*.

M. Laugaudin, notaire à Melle, premier adjoint du maire, et veuf en premières noces d'une proche parente de M. Lara Minot, interrogé sur *ses faits journaliers de banque* avec ce dernier, chez lequel il avait un compte courant, les a dissimulés autant qu'il a pu. Il a confessé pourtant que, détenteur, en qualité de notaire, de fonds plus ou moins considérables, il lui était *souvent arrivé*, pendant ses absences, de les DÉPOSER à la caisse de M. Lara Minot, qui, *une seule fois*, lui avait compté des *intérêts*.

Par l'entremise de M. Bonnet, maire de la commune de Clussais, canton de Sauzé, *M. Delaunet*, originaire du Mans, récemment marié et résidant dans ladite commune, avait été mis en rapport avec M. Lara Minot. Possesseur de valeurs ou d'effets de commerce s'élevant *à plus de* 50,000 fr., payables à Paris principalement, il les a fait recouvrer successivement par M. Lara Minot, qui, sachant à merveille le parti à tirer du papier sur la capitale, lui délivrait en échange des *bons*, toujours à la plus longue échéance possible, sur les percepteurs, nommément sur *celui de Sauzé qui a soldé pour plus de* 40,000 fr. *de ces bons*, sans que *jamais* M. Lara Minot les ait *enregistrés nulle part* ou extraits du *livre à souche des mandats* lequel livre, à ma connaissance et à celle de MM. les inspecteurs, *est toujours demeuré en blanc, sans être entamé*, au bureau de la recette.

Le maire de Maisonnais, M. POUPINOT, ayant eu besoin d'argent, avait emprunté, en 1839, de M. Lara Minot, sur obligation notariée conférant hypothèque, une somme de 13,000 fr. qu'il avait touchés *non pas en espèces*, mais, contrairement aux énonciations de l'acte, *en billets à* diverses échéances, qui ont été payés par moi ou par le souscripteur lui-même. M. Poupinot, soit que sa mémoire l'ait trahi, soit qu'il ait tergiversé, ne déposant pas catégoriquement, j'ai dû faire interroger M. Lara Minot sur le point de savoir si, à une certaine époque, étant parti pour Paris, il ne m'avait pas écrit de ce lieu une lettre conçue à peu près ainsi :

« Mon cher Édouard, j'ai oublié de vous prévenir que j'avais *consenti* » *à Poupinot pour* 5 *à* 6000 *fr. de billets qui sont échus.* Comme je » pense qu'il se présentera au bureau pour être payé, s'il ne s'est pas » déjà présenté, vous voudrez bien le solder. Comme je ne vous ai pas » laissé d'argent, tâchez de vous arranger comme vous pourrez : *rete-* » *nez les versemens de quelques percepteurs,* etc., etc., etc. »

M. Lara Minot, après avoir d'abord prétendu qu'il n'était pas allé à Paris, est convenu bientôt après qu'effectivement il en avait fait le voyage à cette époque, et *qu'il était possible qu'il eût écrit cette lettre, qu'il* CROYAIT MÊME L'AVOIR ÉCRITE !!

Cet aveu, arraché à M. Lara-Minot par la crainte que l'original de sa lettre ne fût représenté, a produit sur l'auditoire et sur les jurés un effet impossible à décrire.

Le Receveur particulier de Melle, relativement au *quantum* des déficits (21,319 fr. 66 cent., d'après M. l'inspecteur Reboul, et 28,516 fr. 19 cent., d'après l'accusation) qu'il a dit avoir successive-ment réintégrés dans sa caisse, sans s'être permis, quant à présent, de tenter aucun recours ou répétition contre les percepteurs, ayant laissé échapper cet autre aveu, à savoir — que, depuis qu'il avait ef-fectué ces réintégrations (A), il avait *retrouvé des valeurs pour deux à trois mille francs,* mon défenseur s'est écrié :

« *Tant mieux ! il y a lieu d'espérer que vous en retrouverez assez* « *d'autres pour vous remplir de tous vos découverts ou emprunts !!* »

Comme un coup d'œil sur le brouillard ou main-courante de M. Lara Minot m'aurait suffi pour y découvrir ces autres valeurs et au delà, j'en ai demandé la représentation ; mais M. Lara Minot, quoique muni d'un gros portefeuille maroquiné, a répondu qu'il n'avait pas cette main, qu'il se rappelait seulement l'avoir vue dans un tiroir de la table de sa *cuisine...* qu'il ne savait ce qu'elle était devenue !

Interpellé pareillement pour qu'il sortît de son volumineux por-tefeuille *quelques-uns de ses arrêtés de compte particuliers avec moi,* M. Lara Minot a fait cette autre réponse, non moins suspecte, qu'il les avait DÉCHIRÉS au fur et à mesure des règlements.....

A coup sûr, il n'en fallait pas davantage, en face d'ailleurs des

---

(A) Dont le total est curieux à savoir, pour s'assurer s'il correspond plutôt au chiffre de M. Reboul qu'à celui de l'accusation.

nombreux et excellents témoignages, tant écrits qu'oraux, que la Cour venait de recueillir sur ma conduite et ma probité, pour achever de réduire à néant l'accusation, et confondre mon dénonciateur, qui, en somme, n'avait guère fait que balbutier, équivoquer ou se donner de continuels démentis.

Toutefois, le ministère public ne jugea pas à propos d'abandonner l'accusation.

Mais M⁰ Pontois, que lui aussi on avait eu l'impudence d'essayer à influencer, et auquel les termes me manquent pour exprimer la profonde gratitude que je dois à son désintéressement, à son chaleureux dévouement et à son éminent talent, terrassa du même coup l'accusation et M. Lara Minot sous le poids écrasant de tant de faits, de particularités et d'argumens tous plus concluans les uns que les autres.

Après le résumé des débats et la lecture des 147 questions par M. le président, MM. les jurés, entrés à deux heures et demie dans la salle de leurs délibérations, où ils avaient à écrire 1764 bulletins de votes pour répondre à ces 147 questions, en sont sortis vers sept heures, et le Chef du jury, la main sur le cœur, a prononcé d'une voix ferme, quoique émue, sur toutes les questions : NON, L'ACCUSÉ N'EST PAS COUPABLE !

Préalablement, le jury, tant sa conviction était réfléchie et tant sa décision devait avoir de portée et d'enseignement, n'apercevant pas dans l'enceinte nominativement M. *l'inspecteur Reboul* et M. *le Receveur-Général baron Euryale de Girardin*, avait eu l'attention de leur faire enjoindre par M. le président d'avoir à rentrer. Ces messieurs, bon gré malgré, ont donc entendu eux aussi cette imposante sentence, qui a excité tant de murmures approbateurs dans l'auditoire, et aussitôt après laquelle j'ai été entouré de tous les membres de ma famille et de la presque unanimité des assistans, dont les sympathies pour moi n'étaient pas équivoques.

Si, ce que je ne puis me rappeler, M. le Préfet, entendu en vertu du pouvoir discrétionnaire de M. le président, a été lui-même témoin de ce spectacle, il aura regretté amèrement sans doute d'être venu me visiter à la précédente session des assises, pour m'engager à ne pas me servir des sous-seings du 5 février et des 4 et 5 juin 1835, et à m'avouer coupable, en me promettant, une fois ma *condamnation* prononcée, de mettre tout en œuvre pour l'adoucir et même l'effacer. Il aura regretté encore, à la session dernière, de n'avoir accordé audience à ma femme qu'après une quinzième ou seizième demande, pour lui refuser la chose la plus simple du monde, en lui répétant néanmoins qu'après la *condamnation* il ferait tout ce qu'il pourrait en ma faveur. Il aura regretté par-dessus tout d'avoir prodigué déjà tant de lettres de recommandation à et pour

M. Lara Minot. Dans le cas où j'apprécierais mal M. *Vernoy de Saint-Georges*, j'aurai le regret à mon tour d'être réduit à lui représenter qu'un intrigant de l'étoffe du Receveur particulier de Melle est le plus dangereux des amis, des conseillers, et d'avoir à demander à M. le préfet la permission d'espérer qu'enfin désabusé, et substituant la plume de l'administrateur au végétal de Cuba, pour vouer, ainsi qu'il le doit, toutes ses heures à la chose publique, il préférera prendre à l'avenir ses inspirations des sentences du Jury, expression légale et souveraine du sentiment national. Infailliblement alors, M. Vernoy de Saint-Georges regardera comme un devoir urgent de détromper le ministère pour qu'il interdise exemplairement, à toujours, son indigne préposé, et d'éveiller assez puissamment la sollicitude de nos gouvernans et de nos législateurs pour que l'idée d'imiter M. Lara Minot ne puisse jamais infecter aucun autre receveur particulier.

Or, un résultat si heureux, auquel sont indispensablement intéressés l'honneur des receveurs-généraux et particuliers, celui du gouvernement, comme l'honneur des percepteurs et leur mieux-être tant désirable, la fortune des contribuables et celle de la France, ne sera acquis que

— Par l'application fidèle et impartiale des lois et des réglemens;

— Par un redoublement de surveillance sérieuse et effective ;

— Par un mode de tenue de livres plus perfectionné ;

— Par des vérifications et contre-vérifications plus fréquentes, mieux échelonnées, plus spéciales et plus approfondies des écritures et de la comptabilité tant des percepteurs que des receveurs particuliers et des receveurs-généraux : opérations dont les procès-verbaux, toujours visés par les maires intervenans, ou autres tiers et délégués à *ce connaissans*, seraient déposés en copie soit aux archives de la sous-préfecture, soit à celles du greffe du tribunal ;

— Par l'établissement même de contrôleurs *ad hoc*, permanens ou temporaires, selon les cas, auprès des receveurs-généraux et des receveurs particuliers ;

— Par la dévolution de ces derniers à la Cour des comptes, devant laquelle ils seraient astreints à produire un compte quelconque de gestion annuelle ;

— Par l'obligation pour plusieurs des uns et des autres d'être habituellement à leur résidence, de veiller *personnellement* à leur service, c'est-à-dire de ne pas fonctionner à peu près toujours par des *fondés de pouvoir ;*

— Par l'obligation aussi pour tous de faire partager une partie de leurs bonifications, ainsi que cela a lieu si équitablement dans différentes villes, aux percepteurs les plus exacts, les plus capables et les moins rétribués ; comme d'être passibles, sur leurs émolumens de toute nature, d'un prélèvement qui serait affecté aux dépenses nécessitées soit par la création de contrôleurs spéciaux, soit par l'augmentation du personnel de l'Inspection des finances ;

— En un mot, par les clauses pénales et les diverses améliorations et garanties que les lumières et la haute perspicacité du savant rédacteur de l'Instruction générale du 17 juin 1840, jugeraient convenable de faire introduire soit parmi les 1357 articles qui composent ce Code, soit parmi les lois ayant trait à la comptabilité publique...

C'est de cette façon que, le 22 mars au soir, en compagnie de beaucoup de monde, dans le trajet de la salle d'audience à mon auberge, j'ai entendu interpréter l'arrêt du Jury. Il en a été de même dans la journée du lendemain, que j'ai consacrée à visiter nombre d'habitans de Niort qui avaient eu la bonté de venir me voir à la prison. Le matin, vers les huit heures, en passant devant l'hôtel du Raisin de Bourgogne, je fus arrêté par un groupe d'une douzaine de jurés, tirant des conséquences toutes pareilles ou analogues du verdict de la veille ; j'eus le bonheur de sentir ma main cordialement serrée par trois d'entre eux qui avaient été mes juges, et de recevoir de plusieurs autres ce reproche :

« Vous avez eu grand tort de nous récuser ; le premier venu d'en« tre nous vous aurait acquitté ! » (A)

Dans la matinée du même jour 23 mars, à six heures, le Receveur particulier de Melle et sa femme partirent précipitamment pour la capitale. La veille, au plus fort à la vérité de son abattement et de son désespoir, M. Lara Minot se rendant pleine justice, et qui, s'il eût été sans reproches, aurait pris dans la procédure, pour la sûreté de ses intérêts privés soi-disant compromis, une tout autre allure, se serait moins agité, et surtout aurait reparu sur-le-champ à son poste, M. Lara Minot avait confié à une notabilité JUDICIAIRE qu'il s'attendait bien à *n'être plus rien, à rentrer dans la vie civile*.....

Quoi qu'il en fût, M. Lara Minot, avant de monter en diligence, avait disposé ses batteries. Il avait *délégué* en son lieu et place, avec l'attache de connivence de M. le Préfet, positivement M. Laugaudin, qui, pendant les quatre mois d'absence de son substituant, a été investi de fonctions que tout voulait qu'il ne remplît pas, particulièrement ses qualités de premier adjoint et de notaire.

En outre, il s'était approvisionné de certaines lettres de recommandation où leurs auteurs, parmi lesquels M. Vernoy de Saint Georges, ont tellement défiguré la vraie physionomie des débats et déduit des considérations si à contre-sens, qu'il a pu s'en armer comme d'un bouclier impénétrable, et qu'au lieu de subir le châtiment par lui tant redouté, M. Lara Minot a fini par se remontrer dans

---

(A) Et pourtant M. Delavau, plus haut nommé, venu à Niort pendant les débats, n'avait cessé çà et là de sifflotter candidement : « Il nous faut absolument une « condamnation ; quelque minime qu'elle soit, ne fût-ce que quelques jours de prison, cela nous suffira...!

le bureau de sa recette particulière, tout radieux et laissant voir une grosse épaulette neuve à grains d'argent : c'était l'insigne du grade de chef du bataillon cantonnal de Melle, qui lui aurait été décerné *presqu'à l'unanimité*, s'il faut s'en rapporter à l'annonce du N° 18 de la *Revue de l'Ouest*, en date du 3 dudit mois de mars. Mais quand personne n'ignore à Melle qu'il a mendié ce grade, que pour le gagner, de simple caporal qu'il avait été, il a fait réunir en une seule les deux compagnies, qu'il a supplanté, par toutes les sortes de tripotages et de platitudes déjà mis en usage à mon égard, le brave officier de la vieille armée qui les commandait, et qui a refusé ouvertement d'être capitaine en second, on ne saurait plus se méprendre sur la valeur intrinsèque de ces mots $=$ *presqu'à l'unanimité* $=$ et il saute aux yeux qu'une distinction qui a coûté si cher à M. Lara Minot, n'a été emphatiquement publiée qu'à cause de la dénonciation du Receveur particulier contre moi, ou que comme moyen pour lui de faire croire à une consistance et à un crédit qu'il n'a jamais eus, et dont évidemment il n'avait administré aucune preuve palpable lors des quatre élections autrement majeures du député de l'arrondissement, consécutivement réélu, nonobstant d'ailleurs les feux croisés et tous les trémoussemens en pure perte de ce champion sans égal.

Oh! voici ce qui est visible de reste pour tous, monsieur Lara Minot : c'est en vous transformant, on ne sait pourquoi, en personnage politique, en travestissant votre stérile et inintelligente opposition et celle de vos proches aux choix électifs qui n'étaient pas dans votre sens, en vous posant comme l'homme nécessaire de l'arrondissement, vous, aussi petit d'esprit que de taille, en promettant, pour l'avenir, des nominations du goût de certains de vos aveuglés patrons, en éblouissant les yeux du plus considérable d'entre eux par l'auréole de la députation, que vous êtes parvenu à vous maintenir dans votre Recette particulière !

Mais vous n'y avez pas pris garde, Monsieur! la lumière a déjà lui, et ce patron, trop honorable pour que, mieux informé, il vous suive plus longtemps dans la route du mal, et pour que chez lui la justice ne l'emporte pas sur la passion politique et les préoccupations de l'esprit de parti, qui, raisonnablement, n'ont que faire dans des questions de chiffre, vous refusera dorénavant son prestigieux appui. Un peu plus tôt ou un peu plus tard, l'administration des finances, ne voyant plus que le comptable transgresseur de tous ses devoirs, le brisera donc.

L'égalité devant la loi, le respect qui est dû, en cette occurrence plus qu'en aucune autre peut-être, à la parole toute-puissante du jury, les manifestations de l'opinion publique, juge suprême des juges, les satisfactions qui sont dues aussi aux percepteurs, aux contribuables, au trésor, aux inspecteurs, au gouvernement, à la société, tout exige pour l'exemple et pour le bon ordre qu'il en soit ainsi.

En attendant que M. Humann se décide enfin à lancer la foudre vengeresse, —au lieu de continuer à me dénigrer sourdement, prosternez-vous humblement devant l'autorité de la justice du pays; occupez-vous, Monsieur, d'ordonner sans retard à votre percepteur Paillet d'exécuter entièrement les pactes de 1835, et de me payer le peu qu'ils m'allouent, ce qu'il a refusé net en me faisant répondre par un de ses parens qu'il *ne me devait rien*. Mais plutôt, à cause de l'extrême mauvaise foi de ce jeune homme qui, en méprisant votre œuvre, méconnaît des conventions aussi catégoriques et toutes en sa faveur comme en la vôtre, exercez sur ses remises un prélévement suffisant pour me désintéresser. Hâtez-vous personnellement, en conformité des préceptes de la loi (art. 1382 du Code civil notamment), de me faire raison de tout le préjudice matériel que vous m'avez causé; c'est là un des plus forts articles de votre débet, qui devra comprendre :

1o Un chiffre d'indemnité tant pour la perte du temps que j'ai passé en prison (sept mois et demi), par l'effet de votre machiavélique dénonciation, que pour la perte de celui qui s'écoulera jusqu'à ce que j'obtienne de la justice de mes concitoyens ou du gouvernement de mon pays un emploi convenable et d'autant mieux rétribué que toujours, grâce à vous, ma santé s'est de plus en plus altérée par la prolongation de ma captivité préventive;

2o Un autre chiffre pour récupérer toutes les pertes et frais extraordinaires qu'il m'a fallu supporter dans les maisons de détention de Melle et de Niort... principalement les frais de médecin;

3o Une somme équivalant à tous les déboursés que m'a occasionnés la poursuite criminelle dont vous avez été le déloyal instigateur, par exemple, le coût des assignations à témoins, etc., etc.;

4o Un chiffre en rapport avec les restitutions que vous avez à me faire relativement à mes dépenses d'auberge, les jours où j'ai vérifié pour vous le plus grand nombre de MM. les percepteurs; cet objet, vous le savez bien, n'a jamais été réglé et est toujours resté en arrière. Il est peu important, j'en conviens; mais je ne le passerai pas sous silence, tant vous avez poussé loin l'impertinence en ne craignant pas de m'envoyer demander *novissimè*, (presque dans le même temps où se passait votre sortie contre *M. Delaroy*, ci-après nommé), par la femme du courrier *Biraud*, 6 francs pour le louage d'un cabriolet qui m'avait transporté, l'année dernière, chez le percepteur de Sauzé, dont vous m'aviez chargé d'aller examiner la situation en *votre lieu et place*. Je n'ai eu qu'un mot à dire pour que cette femme, vis-à-vis de laquelle votre amour-propre a dû souffrir, retournât vers vous comme vers son véritable débiteur, et je tiens d'elle-même qu'elle vous a fait payer ces misérables 6 francs;

5o Et une somme pour me couvrir des frais d'impression de ces pages que votre conduite a nécessitées. Ce qui m'importe d'autant plus que je n'ai pas d'autre moyen de rembourser l'avance qu'une main noblement discrète et bienfaisante vient d'y destiner, et que, sans elle, je ne sais quand j'aurais eu la possibilité de rompre un silence dont on allait jusqu'à me faire un crime, en l'imputant à vos séductions ! — Ces frais, je le suppose, vous pèseront peu à rembourser, parce que vous ne perdrez pas de vue qu'en m'enfermant dans le cercle de votre vie administrative, dont j'ai à peine tracé le quart, je les ai infiniment ménagés. Mon extrême discrétion devra d'autant mieux être appréciée par vous, que la loi du Talion m'autorisait à parcourir largement un autre cercle avec beaucoup d'avantage.

S'il pouvait vous rester maintenant quelque valeur personnelle, je n'oublierais point de vous porter en première ligne de compte un article pour réparer l'immense préjudice moral que vous avez causé momentanément à mon honneur et à ma considération, comme aussi à l'honneur et à la considération des miens. Mais non, quant à ce je vous tiens quitte : les sympathies qui m'ont été et qui me sont journellement prodiguées par les gens intègres de tous les rangs et de tous les partis, voire de ceux que jusqu'à plus ample informé, vos trompeuses menées avaient un instant tourné contre moi, m'ont plus dédommagé que les quelques mille francs que la justice distributive serait dans le cas d'imposer à votre avarice.

J'ajoute seulement, Monsieur, que faute par vous de me faire à temps une offre convenablement proportionnée aux compensations matérielles que vous auriez dû m'épargner l'onéreux devoir de vous réclamer, je n'aurai rien de plus pressé que d'invoquer cette même justice pour vous y contraindre.

Les magistrats inamovibles et jusqu'aux amovibles qui ont en mémoire l'article 373 du Code pénal, ne feront pas défaut non plus à un père de famille aussi injustement que vilainement maltraité par vous, pour vous et à cause de vous ! car il n'est pas besoin à présent, pour savoir qui je suis et qui vous êtes, qu'ils jettent les yeux sur ces pages. A l'égard des personnes étrangères à la localité et ne sachant rien de cette affaire, mais douées d'un sens droit, d'intelligence, de conscience et de cœur, j'ai la ferme confiance qu'en les lisant, ces pages, elles s'associeront à mon légitime ressentiment, et qu'elles y trouveront la mesure du ton que tant de griefs révoltans et de poignans souvenirs me commandaient, et la mesure aussi de toute la distance qui sépare à jamais l'ex-commis-caissier proclamé honnête homme du futur ex-receveur particulier condamné moralement comme malhonnête homme !

Melle, le 25 novembre 1841.

Édouard JOTTREAU.

APPENDICE.

1)

« Entre les soussignés a été convenu ce qui suit :

Bernardin, titulaire de la perception de Melle, voulant donner sa démission, les chances apparentes de son remplacement étant en faveur de *Jottreau* et *Paillet*, ces deux derniers, pour amener M. Bernardin à une détermination secrète et plus prompte, se sont engagés solidairement, pour le cas seulement où l'un ou l'autre serait nommé, à lui payer annuellement et par trimestre, pendant cinq ans, la somme de cinq cents francs ; il a été également convenu que les contributions de M. Bernardin seraient payées sur les deux premiers trimestres ; l'excédant lui sera compté par lesdits Jottreau et Paillet.

Après le remboursement de son cautionnement, M. Bernardin s'engage à laisser au titulaire une somme de *quatre mille* francs, pendant deux ans, avec l'intérêt de *quatre* pour cent ; cette dernière somme sera remise au titulaire moyennant une caution valable.

Paillet et Jottreau s'engagent solidairement l'un et l'autre à payer à M. Bernardin la somme mentionnée ci-dessus et aux époques déterminées ; ils s'engagent en outre ainsi que M. Bernardin à remplir, chacun en ce qui le regarde, les obligations contenues dans ce traité.

Il est de convention expresse qu'en cas de destitution ou de mort des uns et des autres le présent traité sera nul de droit ; cette clause s'entend en cas de mort dudit Bernardin ou de celui qui le remplacera.

Les cinq années exigibles commenceront du jour de l'entrée en fonctions de celui qui sera nommé percepteur.

En cas de constestations, les parties nommeront chacune un arbitre, et dans le cas où elles ne s'accorderaient pas encore, il en serait nommé un autre par le juge de paix. Le remplaçant de M. Bernardin *se chargera de la rentrée de ce qui reste à recouvrer sur les exercices antérieurs à* 1834 ; *il en tiendra compte audit Bernardin au fur et à mesure des rentrées ;* un état des *quittances* sera fait et remis au titulaire et un double sera remis au sieur Bernardin.

Fait à Melle, le cinq février mil huit cent trente-cinq, en triple expédition ; une a été remise à M. Bernardin, une autre à Jottreau et la dernière à Paillet.

Lu et Approuvé : É. JOTTREAU.—C. PAILLET.— BERNARDIN. »

2)

« Par suite de la démission de M. Bernardin, percepteur à Melle, il a été fait les conventions ci-après entre les *soussignés*, qui, présentés l'un et l'autre par les autorités compétentes, se trouvent avoir des chances égales pour remplacer le titulaire :

Quel que soit le titulaire, *Paillet* ou *Jottreau*, celui qui ne sera pas nommé travaillera en qualité de *commis à la recette particulière ;* son traitement et le produit total de la perception seront cumulés et partagés entre eux.

Toutefois, comme le présent traité est fait pour donner à chacun de nous une part *égale* d'avantages, il est juste de reconnaître que le titulaire de la perception prélèvera d'abord sur tous les produits réunis, à titre d'indemnité, pour charges inhérentes à la place, la somme de quatre cent cinquante francs, savoir :

1°	Pour frais de bureau	50
2°	Logement	120
3°	Pour non-valeurs	80
4°	Pour différence d'intérêts de cautionnement	100
5°	Pour représentation de l'intérêt d'avances qui, dans la perception de Melle, doivent être d'un mois avec l'autre de 2,000	100
		450

Le partage provisoire sera fait entre les parties dans la première dizaine de chaque trimestre, et le règlement définitif à l'expiration de l'année.

Dans le cas où l'un des deux, par des motifs imprévus, mais toujours indépendans de sa volonté, *viendrait à perdre sa place, il prendrait part dans les travaux de l'autre et recevrait de lui une somme fixe et proportionnelle,* c'est-à-dire que, *si le commis de la recette particulière est renvoyé, il travaillera avec le percepteur et recevra de lui trois cent cinquante francs par an, et, si le* percepteur perd sa place, il aidera le *commis* et celui-ci *lui donnera deux cents francs;* les stipulations de ce paragraphe n'auront d'effet que pour les trois années qui suivraient le renvoi ou la destitution, et elles cesseraient à partir du jour où celui dont il est question obtiendrait avant ces trois ans un emploi, quel qu'en fût d'ailleurs le produit.

Le présent traité sera annulé de plein droit par la mort de l'un des deux soussignés.

Si l'un de nous est caissier de la caisse d'Epargne, le traitement en sera également partagé.

S'il s'élevait des difficultés pour l'exécution de ce traité, les parties se feront juger par un expert de leur choix ; si elles ne s'accordent pas sur ce choix, elles en nommeront chacune un, lesquels, en cas de désaccord, se présenteront devant *qui décidera.* Dans l'un ou l'autre de ces cas, elles donneront leur signature en *blanc* à l'expert choisi.

Il est entendu que la somme de cent francs n'entrera pas en compte pendant qu'on aura le cautionnement de M. Bernardin à 4 pour 0/0, et qu'il en sera ainsi pour les autres charges de l'emploi; par exemple, si à l'avenir on augmentait ou diminuait l'intérêt des cautionnemens, la somme de cent francs portée pour cela serait augmentée ou diminuée dans une proportion ayant pour base cette somme de cent francs.

Fait double, sous nos seings, à Melle, le quatre juin mil huit cent trente-cinq.

Lu et approuvé : É. JOTTREAU. — C. PAILLET. »

3)

« En conséquence du traité d'hier fait entre nous *Paillet* et *Jottreau*, à l'occasion de la perception de Melle, par addition audit traité pour le simplifier et en faciliter l'exécution en cas de besoin, il a été dit :

Que *M. Bernardin a voulu donner sa démission pour que son neveu Jottreau le remplaçât*, et que, bien qu'il paraisse l'avoir donnée purement et simplement, il n'en doit pas moins tirer un avantage ;

Que, par des considérations connues des parties, on laisserait faire de préférence à Paillet les démarches nécessaires pour qu'il obtînt la place.

Quoi qu'il arrive, il est convenu :

1º Que le titulaire de la Perception paiera à M. Bernardin, selon le traité fait avec lui par nous soussignés, la somme de cinq cents francs, qui seront prélevés sur le produit de la Perception avant tout partage.

2º Que le traitement de caissier à la Recette particulière, qui était de *huit* cents francs, ne *sera pas changé*, vu que nous nous engageons *solidairement* à faire *l'ouvrage comme il a été fait jusqu'à présent.*

Fait double, sous nos seings, à Melle, le cinq juin mil huit cent trente-cinq.

Lu et approuvé : É. JOTTREAU. — C PAILLET. »

**POUR COPIE CONFORME
AUX TROIS ORIGINAUX QUE J'AI EN MAIN.**

Melle, (Deux-Sèvres), le 25 novembre 1841.

ÉDOUARD JOTTREAU,

Ancien Percepteur,

et, en dernier lieu, Commis-Caissier à la Recette particulière.

NOTA. — Je me réserve principalement, cela va sans dire, de traduire devant la justice répressive le Receveur particulier de Melle pour certaines paroles diffamatoires qu'il s'est lâchement permises, notamment le samedi 16 octobre dernier, dans son bureau, devant quatre percepteurs, et plus particulièrement devant *le Receveur de l'enregistrement à La Mothe Sainte-Héraye*, ce au milieu d'une scène aussi burlesque que brutale dont il gratifia, ce jour-là, M. Delaroy, qui n'a pu vaincre le retard inconcevable apporté par M. Lara Minot à lui délivrer récépissé d'un versement de 5000 fr. qu'après s'être fait accompagner d'un *huissier* instrumentant aux fins de contraindre ce comptable à recevoir et à donner quittance....

E. J.

Paris, impr. de Moëssard et Jousset, rue Furstemberg . n. 8.